노?

좀빌립시다!

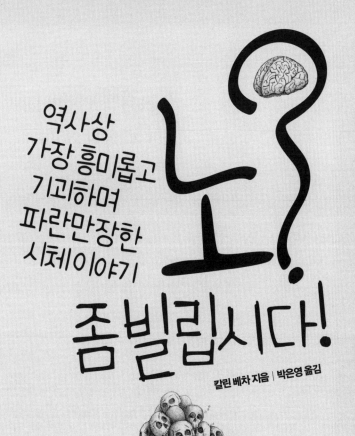

역사상
가장 흥미롭고
기괴하며
파란만장한
시체이야기

뇌? 좀빌립시다!

칼린 베차 지음 | 박은영 옮김

WILLCOMPANY

CONTENTS

시작일까, 끝일까?

여기 묻힌 유해가 파헤쳐지지 않도록
신의 가호가 있기를.
이 돌무덤을 보존하는 자에게 축복이,
나의 유골을 옮기는 자에게는 저주가 있으라.

– 윌리엄 셰익스피어

독자들이 이 책에 흥미를 느끼도록 우리 모두가 사랑하는 셰익스피어
를 인용하면서 시작해보았다. 물론 셰익스피어는 고어(古語)를 마구 써
대며 장광설을 늘어놓아서 엄청나게 지루하기는 하지만 칼싸움이나
마녀의 저주, 무시무시한 반조반인(半鳥半人)의 괴물도 등장시키는 흥미
진진한 작가이니 말이다.

아직도 이 책을 읽을지 말지 결정하지 못하셨다면 셰익스피어가 햄
릿이라는 사이코에 대한 으스스한 이야기를 썼다는 사실을 들려드릴
수밖에 없겠다. 햄릿은 정신이상을 일으켜, 뼈 더미에서 두개골 하나
를 꺼내 들고는 그것이 마치 새로 사귄 '절친'이나 되는 것처럼 말을 걸
기 시작했으며, 심지어 두개골에 이름까지 지어 주었다. 그 이름은 요
릭이었다. 다음 순간, 햄릿과 그의 애완 두개골 사이에 대화가 시작되
자 뭔가 놀라운 일이 일어나기 시작한다. 스물두 개의 뼈로 구성된 두

개골이 갑자기 새로운 삶과 정체
성을 지니게 된 것이다. 즉 의미
를 띠게 되었다는 것이다. 말하
자면 그 두개골은 사연을 지니고
있었다.

이 책에 실린 이야기들도 죽은
이들을 무덤에서 끌어내 사연을
듣기 위해 쓰였다. 이들의 시체
는 평안히 누워 흙으로 돌아가
지 못했는데, 온갖 이유로 파헤쳐져 다양한 일을 겪었기 때문이다. 사
랑 때문에 또는 증오로 인해, 때로는 오늘날 대부분의 과학자들이 인
체를 해부하는 목적과 마찬가지로 순수한 호기심 때문이기도 했다. 만
약 내일이라도 독자 여러분이 죽는다면 과학자들은 당신의 몸을 부분
부분 분해하여 성별과 나이는 물론 생전에 정크푸드를 얼마나 먹었는
지까지 싹 다 알아낼 수 있을 것이다.

물론 사람은 육체를 훨씬 뛰어넘는 존재이며, 세상을 떠나도 사랑하
는 이들의 마음 안에 언제까지나 살아 있다. 그래서 더욱 나는 죽은 자
와 산 자 사이에 대화가 이루어진다고 믿는다. 항아리에 담긴 심장, 보
존처리 된 뼈, 머리카락 뭉치들 모두 저마다 들려주고 싶은 이야기를
지니고 있을 것이다. 그러니 편안히 기대앉아 과자 봉지를 들고, 부패
해가는 육체가 들려주는 사연에 귀를 기울여 보시길.*

* 이 책에서는 독자들의 위장 상태를 고려하지 않고 시체의 분해 즉, 부패에 관한 이
야기를 시시때때로 끄집어내게 될 예정이다.

내 몸이 흙이 되기까지

모르긴 해도 과학 시간에 시신의 분해 즉, 죽은 이의 몸이 어떤 식으로 부패하는지에 대해서 배운 사람은 많지 않을 것이다. 그러나 이 책은 유명한 시신들이 겪는 불운한 여정을 따라가게 되므로 중요한 기초가 될 분해에 대해 미리 알아 놓을 필요가 있다.

온도

누구나 따뜻한 데서 살고 싶어 하지만, 죽고 나면 시신은 가급적 찬 곳으로 옮겨 놓는 것이 가장 좋다. 시신은 달걀샐러드 샌드위치와 똑같아서 차게 유지할수록 시간의 흐름에 따라 발생하는 악취가 훨씬 덜하다. 사후에도 소화 기관에서 음식물을 분해하는 천연 효소의 작용은 계속되는데, 따뜻한 날씨에는 이 효소들의 작용이 훨씬 빨라진다. 조직이 부패하면서 메탄과 황화수소의 녹색 혼합물이 흘러나와 꽤나 고약한 악취를 만들어낸다. 우리들은 이 냄새가 달가울 리 없지만 구더기에게는 그렇지 않다. 구더기들은 이 찐득거리는 녹색 물질을 케이크에 입힌 시럽이라도 되는 것처럼 한 숟갈 푹 떠먹는다. 그러므로 시신을 차가운 곳에 안치해야 냄새가 덜 나며, 냄새가 덜 날수록 벌레와 짐승들이 찾아내기 어렵다.

스캐빈저

분해 과정의 다음 주인공들은 스캐빈저(SCAVENGERS, 죽은 동물을 먹는 동물—역주)이다. 시체가 있는 곳에는 반드시 벌레들이 있다. 잔치에 가장 먼저 나타나는 것은 쉬파리들로, 3킬로미터가 넘는 거리를 날아 송장을 찾아내고 그 위에 알을 낳는다. 그 알들이 자라 귀여운 구더기가 되고 이윽고… 파리 천지가 된다. 구더기는 7일이면 시체의 60퍼센트를 차지한다. 물론 다른 벌레들이 먼저 발견해서 몇 점 베어 물지 않았다면 말이다. 파리 다음으로 나타나는 것은 딱정벌레류의 송장벌레들이며, 그다음이 거미, 진드기, 노래기들이다. 만약 사체가 매장되지 못한 상태라면 좀 더 큰 짐승들(개, 코요테, 늑대, 여우 등)이 벌레에 뒤질세라 금세 모여들 것이다. 그런가 하면 새들은 대개 후각이 둔하지만, 독수리만은 마치 배고픈 어린아이들이 갓 구운 과자 주변에 모여드는 것만큼이나 유독 사체 냄새를 잘 맡는다.

습기

이집트인들의 미라가 대단히 잘 보존된 것은 방부처리 기술이 뛰어나서이기도 하지만 사실은 건조한 기후의 역할이 훨씬 더 크다. 사람의 몸에는 미세한 크기의 살아 있는 유기체인 박테리아가 수백만 마리 있다. 사람이 죽으면 이것들이 몸속의 조직을 허물어뜨려 부패 과정을 진행시킨다. 그러나 박테리아가 이 일을 하려면 반드시 물이 필요하다. 실제로 사체가 물에 노출되면 땅속에 묻혀 있을 때보다 4배 정도 빠르게 분해된다.

흥미로운 사실들

- 매장된 사체가 분해되어 뼈만 남는 데 걸리는 기간은 길어야 40년 정도이다.
- 공기 중에 노출된 사체의 경우에는 2~4주면 해골이 된다.
- 옷을 입은 사체는 더 빨리 부패된다.
- 젊은 성인의 두개골은 비교적 느리게 분해된다.
- 내장이 가장 먼저 부패하고, 수분을 많이 지니고 있는 뇌가 그다음이며, 치아와 뼈가 마지막 순서이다.

흐음…
신선한 시체 냄새군,
쩝!

INÊS DE CASTRO

c.1325–January 7, 1355

죽음이 우리를 갈라놓을 때까지

이네스 데 카스트루

여러분의 기대와 달리, 나는 시신에 관한 이야기로 이 책을 시작할 마음이 없다. 그보다는 러브스토리로 우리의 여정을 시작해볼 참이다. 죽어서도 끝내 잊히지 않는 그런 사랑의 이야기 말이다(물론, 시신의 일부와 함께).

포르투갈에 이네스 데 카스트루라는 고귀한 숙녀가 있었다. 그녀는 치명적일 정도로 매혹적이었다. 기다란 금발을 늘어뜨린 그녀가 우아하게 걸어가는 모습을 보고 사람들은 콜루 데 가르사(Colo de Garca, 왜가리의 목이라는 뜻)라는 별명을 지어 불렀다(중세에는 왜가리가 핫(hot)한 동물이었다. 믿어지지 않더라도 믿어주시길). 그녀는 오스트리아령인 갈리시아 왕국 출신으로, 1340년에 사촌인 콘스탄스 데 카스티야의 시녀 신분으로 포르투갈에 따라왔다. 콘스탄스는 포르투갈의 왕위 계승자인 페드루 1세와 결혼하였으나, 페드루는 새 신부에게 별다른 애정을 느끼지 못했다. 그의 눈을 사로잡은 것은 다름 아닌 콘스탄스의 사촌인 이네스였고, 어찌해볼 수 없을 만큼 사랑에 빠졌다.

그는 이네스에게 열중한 나머지 권력을 휘두를 수 있는 직위에 그녀의 친척들을 불러 앉히기 시작했다. 페드루의 아버지인 알폰수 4세는

대단히 노여워했지만, 아들이 머지않아 이네스에게 싫증을 낼 것이라고 믿어 입을 다물고 있었다.

그러나 페드루는 그녀에게서 마음이 떠나지 않았다. 그뿐만 아니라 1345년에 콘스탄스가 아들을 낳고 세상을 떠나자 이네스를 새 아내로 맞이하겠다고 우겼다. 이미 이네스와 페드루에게는 건강한 자녀가 여러 명 있었으며, 페드루는 죽은 콘스탄스가 낳은 부실하고 병약한 아이들보다는 이네스의 아이들이 후계자로 낫다고 생각하고 있었다. 그러나 알폰수 왕은 아들의 청을 들어주지 않았다. 반드시 왕족과 결혼해야 한다는 것이었다. 결국 왕은 이네스를 궁 밖으로 내쳐 버렸고, 흔히 그렇듯이 이 일로 두 연인은 서로를 더욱 간절히 원하게 되었으며 사람들의 눈을 피해 만남을 이어나갔다. 왕은 아들의 연인을 더 이상 두고 볼 수 없는 지경에 이르렀고, 마침내 이네스의 처형을 명했다. 1355년 1월 7일, 페드루가 사냥을 떠난 사이에 자객 세 명이 이네스가 거처하는 수도원을 향해 말을 달렸다. 그리고 어린 자녀들의 눈앞에서 긴 칼로 그녀의 목을 쳤다. 세 자객은 달아났지만 페드루는 자객들을 추격하여 그들의 심장을 도려내게 했다. 자객들에게 행한 보복 행위로 인해 페드루는 '잔혹한 피터'라는 별명을 얻게 되었다.

두 해가 지나고 알폰수 왕이 죽자 페드루가 왕위를 이어받았다. 왕으로서 페드루는 새 왕비를 맞아들여야 했지만, 사랑하던 연인 이네스를 여전히 마음에서 지워낼 수가 없었다. 게다가 그는 콘스탄스에게서 태어난 아들이 아닌 이네스의 아들에게 왕위를 물려주고 싶었다. 결국 그는 자신이 이미 이네스와 비밀리에 결혼을 한 상태라고 주장하면서, 교황으로부터 자신의 비밀 결혼을 공식적으로 발표해도 좋다는 특별 허가까지 받아냈다. 이제 단 하나의 문제만 해결하면 되었다. 페드루

가 이네스에게 왕비의 지위를 부여하려면 꼭 치러야 하는 법적 절차가
남아 있었던 것인데, 이 작전이 끝까지 성공하려면 대관식을 치러야
했던 것이다. 그는 이번에도 빛나는 해결책을 찾아냈다.

페드루는 평의회 의원들에게 대관식에서 새 왕비를 발표하겠다고
했다. 문제의 날에 페드루의 왕좌 옆에는 또 하나의 왕좌가 놓였고, 거
기에는 기다란 금발을 늘어뜨린 아름다운 여인이 앉아 있었다. 왕비의
복장을 갖춰 입은 여인은 꼿꼿한 자세로 앉아 자신의 왕관을 기다리고
있었다. 궁정의 조신들이 줄지어 입장했다. 처음에는 아무도 그녀가

누구인지를 알아채지 못했지만, 이미 그녀에게서는 썩은 생선 냄새가 희미하게 흘러나오고 있었다. 페드루는 신하들에게 새 왕비에게 절하고 그녀의 손에 입맞출 것을 명했다. 조금 더 다가선 신하들은 그녀가 어딘지 익숙한 모습의 인물이라는 것을 깨달았다. 바로 이네스였다. (그녀는 몸 가장자리가 허물어지기 시작했지만 여전히 매력적이었다고 한다.)

이네스의 이야기는 로미오와 줄리엣의 포르투갈 버전이 되어 미술과 시, 여러 문학에 두루 영감을 불어넣었으며, 이 불행한 연인들에 관한 오페라도 스무 편 이상 만들어졌다. 그녀의 명성이 어찌나 대단했던지, 1811년에 나폴레옹의 군대가 포르투갈을 침공했을 때 그녀의 무덤을 우연히 발견하자 무덤을 파손하고 이네스의 금발을 한 다발 훔쳐 갔을 정도였다. (이 머리카락은 나중에 브라질의 황제에게 선물로 보내졌는데, 1846년에 바다를 건너는 중에 분실되었다.)

페드루는 1367년에 세상을 떠났고, 잃어버린 연인을 왕비의 지위로 올려놓고자 했던 그의 모든 계획은 실패로 끝나고 말았다. 결국 콘스탄스의 아들이 그의 뒤를 이어 왕위에 올랐으나, 역사는 되풀이되는 것인지 페르난두 1세 역시 정치적 협정에 따라 카스티야의 레노라와 결혼하기로 했지만 신하의 아내와 사랑에 빠져 이를 저버린다. 결국 이 일은 포르투갈 왕위 계승 전쟁(1383~1385 Crisis)을 초래하는 계기가 되었다.

이네스의 시신은 살아 있을 때만큼이나 죽어서도 사랑받은 시체로 영원히 기억되고 있다. 페드루는 그녀의 묘비에 죽음을 뛰어넘는 사랑의 문

구를 새겨놓았다. '에테오핌도문도(Ate o fim do mundo)', 세상 끝까지
라는 뜻이다.

지금은 어디에 있을까?

페드루와 이네스의 시신은 포르투갈의 알쿠바사 수도원에 있다. 두 연인은 흰 석회암 석관에 안치되어 서로 마주 보고 있는데, 석관에는 짓궂은 표정을 짓고 있는 천사들에 둘러싸인 이네스와 페드루의 모습이 실물처럼 섬세하게 조각되어 있다. 페드루의 머리 쪽 패널에는 드라마틱한 이들의 이야기가 묘사되어 있다. 페드루가 사냥을 떠나는 장면, 알폰수의 평의회 의원들이 이네스를 비난하는 장면, 이네스에게 사형 집행자들이 보내지는 장면, 결국 이네스가 참수되는 장면 등이 정말 생동감 있게 표현되어 있다. 물론 시체를 앉혀 놓은 그녀의 대관식 장면을 묘사한 것은 썩 훌륭하다고 볼 수 없지만, 그런 종류의 소재를 석회암으로 표현해내기는 누구라도 어렵지 않았을까?

죽음을 넘어서는 사랑

사랑하는 이의 부재가 사랑하는 마음을 더 키운다고들 한다. 여기 소개하는 러브스토리들을 보면 이 말의 의미를 이해할 수 있다.

카스티야의 후아나와 필리페 1세

필리페 1세(PHILIP I, 1478~1506)는 '죽을 만큼 매력적인' 사람이어서, 카스티야의 후아나(JUANA, 1479~1555)는 그가 갑작스럽게 죽은 뒤에도 남편의 매력에 사로잡혀 있었다고 한다. 필리페의 사후, 그녀가 남편의 관을 싣고 교외를 순회 여행하면서 수시로 관을 열어 그의 발에 입을 맞춘다는 소문이 돈 것이다. 어떤 이들은 그녀의 사랑이 그만큼 절절했던 것이라 하고, 또 다른 이들은 그냥 미쳤을 뿐이라고 한다. 그런가 하면 당시 떠돌던 모든 이야기가 거짓이며, 후아나를 통치에 부적합한 인물로 몰기 위한 계략이었다고 주장하는 이들도 있다.

분명한 것은 후아나가 미친 게 사실이면 왕좌에 앉을 수 없게 되며, 이 말은 그녀의 아버지인 페르디난트 2세가 딸을 대신해 통치할 수 있게 된다는 것을 의미했다. 어느 쪽이든 후아나 본인은 미치광이라는 평판을 바로잡을 방법이 없었으며, 그 결과 지금까지도 '미친 후아나

(Juana the Mad)'로 기억되고 있다.

샤 자한과 뭄타즈 마할

인도의 무굴제국 황제 샤 자한(SHAH JAHAN, 1592~1666)이 가장 사랑
한 아내 뭄타즈 마할(MUMTAZ MAHAL, 1593~1631)은 열네 번째 아이
를 낳은 후 세상을 떠났다. 샤 자한은 너무나 충격을 받은 나머지 "폭
풍우가 거세게 몰아치는 바다처럼 슬픔으로 울부짖었다"고 한다. 뿐
만 아니라 머리카락마저 회색으로 변해버린 채 끊임없이 흐르는 눈물
때문에 시력을 잃고 안경을 써야만 했다. 2년 동안 슬픔으로 방황한 끝
에, 그는 가버린 연인을 기억하기 위한 장대한 계획을 세우고 실행하
기로 마음먹었다. 초상화를 남기는 상투적인 방식이나 머리카락을 보
존하는 유치한 계획이 아니었다. 세상에서 가장 정교하게 장식된 무덤

을 건축하여 장차 세계 7대 불가사의 중 하나를 만들어내는 것, 이것이
그의 계획이었다. 이 무덤의 건축에는 대략 22년이 걸렸고, 동원된 일
꾼은 2만 명이 넘었다. 샤 자한이 죽자 그의 시신은 커다란 흰색 대리
석 돔 아래, 사랑해 마지 않던 아내의 옆에 안치되었다. 이곳이 오늘날
'타지마할'이라고 불리는 바로 그 건축물이다. 타지마할은 해마다 2백
만 명이 넘는 관광객이 찾는 인도의 대표적인 명소가 되었다.

마리아 엘레오노라와 구스타브 2세 아돌프
스웨덴 국왕 구스타브 2세 아돌프(GUSTAV II ADOLF, 1594~1632)가 사
망하자 아내 마리아 엘레오노라(MARIA ELEONORA, 1599~1655)는 남편

을 차갑고 딱딱한 땅에 묻는다는 사실을 견딜 수 없어 했다. 그러자 그
녀가 남편의 심장을 황금 상자에 넣어 침대 위쪽에 보관해 두고, 관 옆
에서 잠을 잔다는 소문이 번졌다. 심지어 관 뚜껑을 연 채 그런다는 것
이었다. 결국 어쩔 수 없었는지, 마리아 엘레오노라는 구스타브를 매
장하는 것에 동의했다. 그러나 그 일은 그녀가 시신에 매달려 걷잡을
수 없는 통곡을 하고 난 뒤에야 실행될 수 있었다.

퍼시 비시 셸리와 메리 올스턴크래프트 셸리

시인 퍼시 비시 셸리(PERCY BYSSHE SHELLEY, 1792~1822)에게 죽음은
사소한 일이었다. 죽음 후 자신의 시신에 일어난 일을 보고도 으스스
한 기쁨을 맛보지 않았을까 상상해 볼 수 있는 인물이었다. 그의 죽음
은 빅토리아 시대의 비극적인 시인에게 더없이 어울리는 것이었다. 젊
은 나이로 죽었으며, 바다에서 익사했고, 비탄에 빠진 아름다운 아내
이자 저 유명한 〈프랑켄슈타인〉의 저자인 메리 올스턴크래프트 셸리
(MARY WOLLSTONECRAFT SHELLEY, 1797~1851)를 남겨 두었기 때문
이다. 바닷물에 씻긴 채 이탈리아의 해변으로 밀려온 그의 시신이 발
견되었을 때, 이탈리아 검역 당국은 시신으로 인한 전염병이 번질 것
을 우려하여 관련법에 따라 시신의 이동을 금지했다. 이 말은 셸리를
그가 발견된 바닷가 그 자리에서 화장해야 한다는 뜻이었다. 성난 파

도가 몰아치는 바닷가에서 시신을 불태우는 화염이 솟아오르는 광경은 얼핏 보면 낭만적일 수도 있겠지만, 시신에서 장기 하나만 불에 타지 않는다고 하면 생각이 달라질 것이다. 바로 셸리의 심장을 두고 하는 이야기이다. 셸리의 친구인 바이런 경은 심장이 타지 않아서 화장이 끝나지 않자 참지 못하고 그 자리를 떠나버렸다. 결국 그의 친구인 캡틴 트릴로니가 불꽃을 헤치고 심장을 꺼내 들면서 이렇게 말했다고 한다. "시인의 심장은 타지 않기로 한 모양일세." 캡틴은 문제의 심장을 몇 년 동안 보관하고 있다가 나중에 메리에게 보냈다. 1851년, 먼지로 변한 심장은 주인의 시가 적힌 종이에 싸인 채 메리의 서랍에서 발견되었다. 슬픈 결말을 예감했는지, 시인은 이런 시 구절을 남겼다.

"오늘 미소 짓는 꽃 / 내일 죽으리."

로잘리아 롬바르도

두 살이 채 못 된 나이의 로잘리아 롬바르도(ROSALIA LOMBARDO, 1918
~1920)는 유리상자 속에서 너무나 완벽한 모습으로 보존되어 있어 오
늘날 '잠자는 미녀'라는 별칭을 갖게 되었다. 로잘리아가 담긴 유리상
자는 이탈리아 남부 시실리 팔레르모에 있는 카푸친 수도회의 지하 묘
지에 보관되어 있다.

블라디미르 레닌

블라디미르 레닌(VLADIMIR LENIN, 1870~1924)의 시신은 방부 처리되
어 모스크바 붉은광장 중앙에 전시되어 있다. 석관은 약 16도의 일정
한 온도로 유지되며, 피부가 생생해 보이도록 매주 표백제 목욕을 실
시한다.

에바 페론

에바 페론(EVA PERÓN, 1919~1952)의 남편 후안 페론은 한동안 방부 처
리된 아내의 시신을 자신이 식사하는 식당에 두었다. 나중에서야 에바
의 시신은 아르헨티나 부에노스아이레스의 레콜레타 공원묘지에 매
장되었다.

GALILEO GALILEI

February 15, 1564–January 8, 1642

손끝이 가리키는 곳

갈릴레오 갈릴레이

신체 조각을 수집하고 거래할 때의 규칙 제1장 1절은 '라벨을 분실하지 말 것'이다. 2009년에 익명의 판매자가 어금니 하나, 집게손가락 하나, 엄지손가락 하나를 판매했는데, 그는 이 조각들의 주인이 역사상 가장 유명한 천문학자이자 수학자였다는 사실을 전혀 모르고 있었다. 그래서 자신이 판매한 것의 온전한 가치를 알 수가 없었다. 그러나 피렌체의 수집가인 알베르토 브루스키는 그 가치를 알았다. 그는 경매에서 액수를 미공개로 하여 이 손가락들을 구매했고, 나중에 전문가의 자문을 얻어 이것이 갈릴레오 갈릴레이의 것임을 확인한 후 피렌체의 과학사박물관에 팔았다. 손가락 자체는 특별한 구석이 전혀 없어 보였다. 그저 손톱이 달린 것만 빼면 말라서 쪼글쪼글해진 소고기 육포를 닮았을 뿐이었다. 그러나 그 쪼글쪼글한 집게손가락은 한때 하늘을 가리키며 우주의 비밀을 벗겨냈던 바로 그 손가락이었다.

물론 우주의 비밀을 밝혀내는 시간이 그에게 쉬운 것은 아니었다. 사실상, 그는 그 일로 죽은 것이나 마찬가지였다. 갈릴레오가 그처럼 큰 곤란에 빠지게 된 원인 중에는 본인의 잘못도 있기는 했다. 수학 교수로서 그는 상대의 기분을 거슬리게 하는 방식으로 의견을 개진했으며, 자신에게 반박하는 사람은 누구든지 얼간이 취급을 하는 경향이 있었다. 아마 여러분의 학창 시절에서 가장 무서웠던 수학 선생님을 떠올리면 딱 그런 모습이었을 것이다.

갈릴레오 편에서 생각하면, 당시 수학은 척박한 분야여서 수학자의 수입은 석수보다도 적었다. 수학이 오늘날처럼 이용되던 시기가 아니었던 것이다. 수학의 주된 용도는 미래를 예측하기 위해 천체의 위치를 지도로 만드는 천문학의 보조수단이었다. 따라서 수학자로서의 일차적인 업무는 천궁도를 만들어 별점을 치는 것이었다. 당연히 점성술은 갈릴레오의 천직이 아니었다. 언젠가 한 번은 그가 대공 페르디난드 1세에 대해 오래 살면서 번영할 것이라고 별점을 친 적이 있었는데, 대공은 그로부터 22일 후에 죽음을 맞이했다.

그는 당대에 널리 받아들여지던 아리스토텔레스의 우주론과 다른 생각을 가지고 있었다. 아리스토텔레스야 누가 뭐래도 위대한 철학자였지만 몇 가지 잘못된 이론이 없지는 않았다. BC 347년경, 아리스토텔레스는 지구가 우주의 중심이며, 태양과 달 등의 천체들이 지구를 중심으로 공전한다고 가르쳤다. 또한 별은 신이 창조한 완벽한 천체이므로 결코 움직이거나 변하는 법이 없다고 믿었다. 더욱 중요한 것은 가톨릭교회에서 천국에 대해 가르칠 때 아리스토텔레스의 저술을 토대로 했다는 점이었다. 그러니 아리스토텔레스의 이론을 반박하는 사람은 아무도 없었다. 단 한 사람, 갈릴레오만 제외하고.

갈릴레오는 다른 천문학자들에게는 없는 강력한 망원경으로 무장하고 있었다. 물론 당시에는 망원경이라는 이름이 아니었다. 갈릴레오의 손에 들어가기 전까지 그 물건은 '스파이글래스(spyglass)'라고 불리며 어린아이들의 장난감으로나 쓰였다. 그는 렌즈를 연마해가며 이

리저리 실험하여 곧 장난감 버전보다 30배까지 사물을 확대해 볼 수 있게 개량했으며, 덕분에 아리스토텔레스보다 훨씬 정확히 관측할 수 있었다. 아리스토텔레스는 달의 표면이 매끄럽다고 했지만, 갈릴레오는 새로운 장치를 이용해 달에 계곡과 바위, 산들이 잔뜩 있는 것을 눈

으로 확인할 수 있게 되었다는 말이다. 그건 마치 마을에서 가장 아름다운 소녀에 대해 '실은 못 봐줄 여드름투성이더라'라고 떠드는 것과 마찬가지였다. 달이 빛나지 않으며 완벽하지 않다는 이야기를 듣고 싶어 하는 사람은 아무도 없었다.

1610년, 갈릴레오는 망원경을 목성에 맞추어 관찰한 끝에 이 행성이 지구 둘레를 공전하는 것이 아니라 오히려 자신이 4개의 커다란 위성을 지니고 있다는 사실을 발견했다. 그뿐만 아니라 금성도 지구가 아닌 태양 둘레를 공전하고 있었다. 만약 금성이 태양 둘레를 공전하는 것이 맞는다면, 혹시 지구 역시 태양 둘레를 공전하는 것이 아닐까?

이것은 극도로 위험한 생각이었다. 이미 갈릴레오보다 50년 앞서 코페르니쿠스라는 천문학자가 지구와 금성이 태양의 둘레를 공전한다는 이론을 설파하다가 가톨릭교회에 의해 책들이 금서로 지정된 적이 있었던 것이다. 가톨릭교회의 가르침을 거스르는 것은 무엇이 됐든 이단으로 낙인찍히는 시절이었다. 이단은 죽음으로 처벌할 수 있는 매우 심각한 죄목이었다. 그러나 이것이 갈릴레오를 막을 수는 없었다. 그는 자신이 발견한 것들을 〈별의 사자(The Starry Messenger)〉라는 책으로 출간했다. 이 책은 순식간에 베스트셀러가 되었으며, 갈릴레오라는 이름은 유럽 전역에서 유명해졌다.

갈릴레오는 한껏 의기양양했다. 1624년, 그는 추기경들과 교황을 상대로 지구가 태양 둘레를 공전한다는 사실을 확인시켜주겠다며 로마를 방문했다. 마침 친구인 추기경 마페오 바르베리니가 막 교황으로 선출되어 우르바누스 8세로 즉위한 참이었다. 그러나 갈릴레오는 우르바누스 8세가 새로운 생각에 한없이 관용적일 것이라는 착각을 단단히 하고 있었다. 사실 우르바누스는 혼란스러움을 잘 견디지 못하

는 사람이었다. 한번은 새들이 그의 아침잠을 방해한다는 이유로 바티칸의 모든 새들을 잡아 죽인 일도 있었다. 성가시다는 이유로 새들을 죽일 수 있는 사람이라면 감히 가톨릭교회가 틀렸다고 말하는 사람에게 무슨 짓을 할지 누가 알겠는가?

처음에 우르바누스는 어디까지나 가설이라는 점을 확실히 하면 갈릴레오가 발견한 것들에 대한 책을 계속 써도 좋다고 했다. 달리 말하면, 갈릴레오는 교회가 틀렸다는 것을 명확한 표현으로 쓰는 일은 절대로 하지 않기로 했다는 뜻이다. 덕분에 그는 네 명의 가상의 인물들이 주고받는 논쟁을 다룬 〈대화(The Dialogue)〉라는 책을 출간할 수 있었다. 책에 등장하는 네 명 중 한 명은 심플리치오(Simplicio, 얼간이 또는 우둔한 사람이라는 의미이다)로 불렸는데, 아리스토텔레스의 지구중심이론을 옹호하는 인물로 그려졌다. 이 인물은 어딘지 교황 우르바누스를 연상케 하는 묘한 유사성을 지니고 있었고, 이 책 역시 베스트셀러가 되었다.

우르바누스는 〈대화〉에서 자신이 어릿광대처럼 다루어졌다는 것을 알고는 대단히 언짢아했다. 그는 갈릴레오를 로마로 소환하여 이단을 가르는 심판대에 서게 했다. 그런데 이런 종류의 재판에서 흥미로운 것은 자기 집에서 편한 자세로 앉아 있을 때는 꽤 대담하던 사람들도 막상 고문과 죽음의 문턱에 서면 급격히 신념을 수정하게 된다는 것이다. 갈릴레오도 예외는 아니어서, 그는 '섬스크류(Thumbscrew, 손가락을 죄는 고문 기구-역주)라는 단어가 채 끝나기도 전에 〈대화〉에 실린 모든 내용을 철회했다. 그는 목숨을 건졌지만 가택연금에 처해졌고, 결국 눈이 멀었으며 1642년에 세상을 떠났다. 아마 마지막까지 교황을 원망하고 있었을지도 모르겠다. 그의 제자 한 명이 격식을 갖춘 장례를 하게 해달라고 청원했지만 교회는 허락하지 않았다. 갈릴레오는 피렌체의 산타크로체 성당 뒤편에 별다른 의식도 치르지 않고 묻혔다.

1737년경에 이르러서야 교회는 갈릴레오에게 다소 가혹한 벌을 내렸다고 결정하고 그를 16세기 예술가 미켈란젤로의 옆, 좀 더 고급스러운 대리석 무덤으로 이장할 수 있게 해주었다. 그런데 시신을 발굴하여 옮기는 일을 맡은 세 명의 인부들, 즉 안토니오 코치, 안톤 프란체스코 고리 그리고 빈센치오 카포니는 갈릴레오에게 안식을 주기 전에 몇 가지 기념품을 훔치고 싶은 욕구를 억누르지 못했다. 결국 코치는 갈릴레오의 척추를 가졌으며, 고리는 갈릴레오의 왼손 가운뎃손가락을 차지했다. 그리고 카포니는 어금니 한 개 외에도 갈릴레오가 생전에 그 모든 책들을 집필하는 데 사용했던 문제의 집게손가락과 엄지손가락을 챙겼다. 이 시신 조각들은 세 사람의 집안에서 대를 이어 전해 내려오다가 1905년 무렵에 자취를 감추었다. 이것들이 다시 나타난 것은 2009년의 어느 경매에서였다.

지금은 어디에 있을까?

갈릴레오의 척추는 파두아대학교에 보관되어 있다. 어금니와 쪼글 쪼글한 엄지손가락, 가운뎃손가락, 집게손가락은 피렌체의 갈릴레 오 박물관에 가면 볼 수 있다. 가운뎃손가락은 달걀 모양의 고블릿(goblet, 굽이 높은 술잔 – 역주) 내부에 금 받침대를 놓고 세워 놓았다. 그런 식으로 그의 손가락은 생전에 숭배해 마 지 않던 하늘을 가리키고 있는 것이다.

시체 도굴꾼들의 침공

1832년까지 영국에서는 시체를 훔치는 것이 범법 행위가 아니었다. 실제로 할머니의 손가락에서 반지를 빼가는 일은 중죄였지만, 할머니의 손가락을 훔치는 일은 범죄가 아니었다.

　18세기와 19세기, 유럽과 미국에서는 시체를 훔치는 일이 일상다반사였다. 의과대학마다 인체의 실체를 이해하기 위해 해부용 시체를 구하는 일이 절실한 시대였기 때문이다. 그 이전의 의사들은 돼지, 개, 원숭이 등의 동물들을 이용해 해부학을 배웠는데, 사람의 몸속을 본 적이 없다 보니 더러 어이없는 혼란이 생기기도 했다. 아무튼 의과대학에 시체를 팔아넘기는 일은 '부활을 시키는 사람'이라 불린 시체 도굴꾼들에게는 꽤나 돈벌이가 되는 사업이었다. 1850년까지만 해도 시체 도굴이 어찌나 성행했던지, 뉴욕의 무덤에서 사라지는 시체의 수만 해도 해마다 6~7백 구에 이르렀다.

　그러나 이 사업에도 힘든 점이 있었으니, 마음 약한 사람들은 이 일을 할 수가 없었다는 것이다. 의과대학에서는 생생한 시체들에만 돈을 지불했기 때문에 이 일은 시체가 매장되면 곧바로 신속한 작업을 할 수 있는 사람들이 해야 했다. 고인의 가족들은 시체 도굴을 막기 위해 방안을 강구해야 했으며, 급기야는 사랑하는 이가 적절한 정도로 부패될 때까지 기다렸다가 매장하는 것이 관행이 되었다. 어떤 묘지에서

는 시신을 3개월 정도 부패하도록 보관해주는 모트하우스(morthouses, 프랑스어 mort는 죽음이라는 의미이다 -역주)라는 이름의 건물을 운영하기도 했다. 그런가 하면 관 둘레에 강철 구조물을 설치하는 이들도 있었고, 고인의 시신 위에 무거운 돌을 올려놓는 사람들도 있었다. 그중에서도 가장 독창적인 해결법은 관에 뇌관을 설치하는 것이 아니었을까 싶다. 시체 도굴꾼들이 관을 건드리는 순간 파이프폭탄이 폭발하도록 해놓은 것이다.

윌리엄 버크와 윌리엄 헤어는 가장 악명 높은 시체 도굴꾼이었다. 그들은 의사인 로버트 녹스에게 생생한 시체를 공급하는 일에서 '죽여주는' 사람들이었다. 이렇게 표현한 이유는 그들이 말 그대로 정말 살인을 했기 때문이다. 그들은 작업을 신속히 하기 위해 갓 사망한 시체

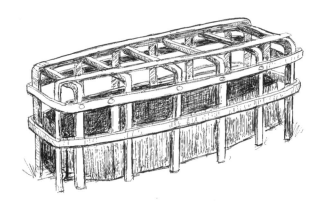

를 기다리는 대신 직접 사람들을 죽이기 시작했다. 그들이 체포되기 전까지 살해한 사람들은 열여섯 명에 이르렀다. 헤어는 버크에 대한 증거를 내놓은 대가로 풀려났고 버크는 교수형에 처해졌는데, 자신의 죄에 어울리도록 시체는 해부용으로 제공되었다. 해부가 끝난 후 그의 피부는 무두질하여 지갑과 책의 재료가 되었다. 전해지는 이야기로는 작가인 찰스 디킨스에게 버크의 피부로 만든 장서표가 있었다고 한다.

KING LOUIS XIV

September 5, 1638–September 1, 1715

심장을 먹어 주겠어

루이 14세

생전에 루이 14세의 심장이 얼마나 많은 활동을 했던 가에 비춰 보면, 죽어서도 그 기관이 높은 박동을 유지한 것은 참 잘 어울리는 일이라고밖에 할 수 없다. 이것이 무슨 말인가 하면, 루이에게 여자 친구들이 많았다는 것이다. 그는 언제나 덤불 뒤에서 점프를 하면서 누구나 알 만한 기분 좋은 일을 하고 있었다. 심지어 그가 동생의 아내인 잉글랜드의 헨리에타와도 정사를 벌였다는 소문이 있을 정도였지만, 이 부분은 그냥 말하기 좋아하는 사람들이 지어낸 이야기일 가능성이 크다.

사실 루이가 잘못한 것은 아니었다. 그가 멋진 머리카락의 소유자이면서 기타를 잘 쳐서 여자들을 매혹시킨 탓이었기 때문이다. 게다가 그는 왕이었고, 누구도 그 사실을 잊어버리지 못하게 했다. 그는 자신이 우주의 중심이라고 믿어 스스로를 '태양왕'이라고 칭했을 뿐 아니라, 때로는 자신이 너무나 특별한 존재여서 누군가를 만지는 것만으로도 무서운 질병까지 낫게 할 수 있다고 믿었다. 이른바 왕의 손길 (King's Touch)이라는 것이었는데, 요즘엔 이 표현이 '스스로 신이라고 생각할 만큼의 허세' 정도로 사용되고 있다.

루이 14세가 역사에 공헌한 가장 큰 업적을 꼽으라면 바로 '에티켓'

41

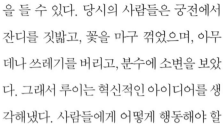

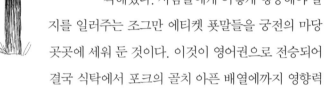

을 들 수 있다. 당시의 사람들은 궁전에서 잔디를 짓밟고, 꽃을 마구 꺾었으며, 아무 데나 쓰레기를 버리고, 분수에 소변을 보았다. 그래서 루이는 혁신적인 아이디어를 생각해냈다. 사람들에게 어떻게 행동해야 할지를 일러주는 조그만 에티켓 푯말들을 궁전의 마당 곳곳에 세워 둔 것이다. 이것이 영어권으로 전승되어 결국 식탁에서 포크의 골치 아픈 배열에까지 영향력을 행사하는 그 단어가 되었다.

문제는 루이가 에티켓에 관해 좀 지나친 면이 있었다는 것이다. 사람들은 재킷의 단추를 오른쪽에 달아야 했고, 적절하게 절하는 법을 익혀야 했으며, 왼발을 앞으로 내밀면서 바르게 자리에 앉는 법도 몸에 배도록 해야 했다. 옷을 바르게 입고 적절한 말법을 구사하면 그제야 왕의 르베(levée)에 참석할 수 있었다. 르베는 프랑스어로 '기상' 또는 '매우 이른 아침의 아침'이라는 뜻이다. 왕의 르베 동안 참석자들은 왕이 세숫물을 찰박거리고, 옷 입는 모습을 지켜보는 영광을 누렸다. 루이는 자신이 바지를 입는 모습을 보는 것이 참석자들에게 엄청나게 신나는 일일 것이라고 생각했다. 대부분의 신하들은 지루해서 눈물이 날 지경이었지만 말이다. (루이는 샤워를 하지 않았으며, 그저 라벤더 우려낸 물을 목에 찰박거리며 묻히고 셔츠를 갈아입으면 행차의 채비가 끝났다.) 이 모든 우스꽝스러운 이벤트들은 1715년에 루이 14세가 다리 감염으로 죽는 날까지 계속되었다. 사망할 때 그가 일흔여섯 살이었으니 그만하면 충분히 오래 유지한 셈이었다.

그렇다고 루이한테 너무 심한 말은 하지 말자. 그에게도 대단한 부

분들이 있었다. 첫 번째는, 그가 굉장히 좋은 빨간색 굽의 구두를 신었다는 것이다. 다만 왕 이외에 누구도 빨강 굽을 신을 수 없도록 하여 빨강 굽을 좋아하는 사람들을 실망시키긴 했지만 말이다. 또한 그는 번쩍거리는 것들을 잔뜩 가져다 베르사유라고 하는 정말 환상적인 궁전을 건축했다. 이 궁전은 이에 음식물이 꼈을 때 안성맞춤인 곳이다. 거울을 못 찾아서 고생할 일이 없기 때문이다. 마지막으로 그는 엄청난 전쟁을 치렀는데, 전쟁 비용이 필요할 때면 가난한 사람들에게 부과할 수 있는 매우 창의적인 세금을 고안해내곤 했다. 그는 사람들에게 꼭 필요한 물품인 소금에도 세금을 물렸다. (물론 귀족은 면제였다.) 사람들은 소금을 이용해 음식을 보존했으며, 소금이 없을 때는 썩은 냄새가 나는 고기를 먹고 식중독은 물론 죽을 위험까지도 감수해야만 했다.

루이가 이룬 일들은 모조리 프랑스혁명이 일어나게 된 튼튼한 바탕으로 작용했다. 1790년대 무렵에는 모두가 왕과 왕비라는 사람들에 대해 지긋지긋해하고 있었다. 한 사람이 온갖 불편한 것들을 지시하고 그걸 무조건 따라야 하는 신세에 지쳐 있는 상태였던 것이다. 혁명이 일어나자 루이 14세의 손자인 루이 16세를 포함해 매일같이 왕족들이 처형되었다. 프랑스인들은 엄청나게 효율적으로 처형을 했는데, 기요틴이라는 장치를 발명하여 채소를 써는 것처럼 사람의 머리를 잘라낸 덕분이었다. 아무도 줄을 서서 기다릴 필요가 없었다.

사람들은 산 채로 목을 베는 것에 싫증이 나자 죽은 이들에게로 관심을 돌렸다. 1793년에는 혁명가들 중 한 무리가 생드니 성당의 묘지를 부수고 들어가 여러 개의 해골로 축구를 한 후, 온갖 기념품들을 다 챙겨 나왔다. 앙리 4세의 턱수염, 생 드니(Saint Denis, 순교 후 참수된 자기의 목을 쥐고 천사의 인도를 받아 파리의 북쪽 묘소인 생드니 성당까지 걸어갔다고 하는 그리스도교 성인–역주)의 머리, 방부 처리된 루이 14세의 심장 등등이 그것들이었다. 그중 루이 14세의 심장은 나중에 영국 귀족인 하

44

코트 경이 구입하여 은상자에 보관하면서 이따금씩 귀한 손님들에게 선보이곤 했다.

그 귀한 손님들 중에 지질학자이자 고생물학자인 윌리엄 버클랜드 (William Buckland)가 있었다. 그는 고생물학의 화석 연구에 관해 몇 가지 공헌을 한 인물이다. 1824년 메갈로사우루스를 최초로 식별해내고 이름을 붙였으며, 1829년에는 화석화된 공룡의 배설물을 최초로 식별해낸 다음 코프롤라이트라는 이름을 붙이기도 했다. 다른 고생물학자들은 공룡의 배설물을 건드리려고도 하지 않았지만 버클랜드는 그런 식으로 점잔을 빼는 사람이 전혀 아니었다. 그는 코프롤라이트 주변을 쑤셔서 소화가 되지 않은 것이 남아 있으면 그게 무엇이든 분석하여 그 속에 선사시대 동물의 식생활에 대한 실마리가 들어 있다는 것을 증명해냈다.

버클랜드의 관심은 거기서 그치지 않았다. 그는 자신의 미각이 생명의 미스터리를 풀 수 있을 것이라고 진심으로 믿었다. 한번은 세인트폴 대성당에 성인들의 피가 흐르고 있다고 해서 소란이 일어난 적이 있었다. 이 말을 들은 버클랜드는 무슨 시시껄렁한 소리냐고 잘라 말한 뒤 성당 바닥을 핥았다! 그러고는 자신이 예상했던 대로, 그게 피가 아니라 박쥐 오줌이라는 사실을 밝혀내고야 말았다. (박쥐 오줌을 마시면 공수병에 걸릴 수 있다는 사실. 그러니 부디 박쥐 오줌을 핥지 마시길.)

이렇듯이 과학적 호기심으로 무장한 버클랜드는 동물 왕국에 있는 모든 동물을 먹어보는 것을 사명으로 삼았다. 어릴 때 어머니 아버지로부터 "콩을 먹어야

지?"라는 말을 들어 보셨을 것이다. 그러나 윌리엄 버클랜드는 그보다는 좀 더 이국적인 형태의 영양 섭취를 선호했다. 그는 아버지로서 자녀들에게 집게벌레를 먹어보라고 권했다. 뿐만 아니라 특별한 날이 되면 버클랜드 일가는 코뿔소 파이, 민달팽이 수프, 생쥐 고기를 얹은 토스트, 돌고래 머리와 고슴도치, 캥거루 석쇠 구이, 두더지 스튜, 갯민숭달팽이 바비큐, 강아지 관절 프라이팬 구이 등으로 만찬을 했다. (두더지 스튜는 가족들에게 환영받는 요리가 아니었지만, 집게벌레는 꽤 맛이 있었다는 이야기가 있다.) 그의 별난 요리 기호 덕분에 버클랜드의 집으로 초대를 받은 손님들은 잊을 수 없는 만찬의 경험을 안은 채 귀가하곤 했다. 그의 집 주변에는 원숭이, 희귀한 새들, 하이에나 등의 이국적인 동물들이 어슬렁거리는 진귀한

풍경이 펼쳐져 있었는데, 그것들이 언제 식탁 메뉴로 올라올지는 아무도 모르는 일이었다.

하코트 경은 버클랜드의 별난 식습관을 미처 모르고서 그를 저녁 식사에 초대한 것이 아닌가 싶다. 식사가 끝나고 그가 루이 14세의 심장이 든 은상자를 들고나와 뚜껑을 열어 보인 것을 보면 말이다. 이제 그것은 심장이라기보다 말린 간 조각처럼 보였다. 버클랜드의 호기심은 여기서도 여지없이 발동했다. "나는 평생 온갖 희귀한 것들을 먹어 왔지만, 왕의 심장을 먹어본 적은 한 번도 없었어요"라고 자랑하듯 말하고는 누가 말릴 새도 없이 문제의 심장을 집어 올려 통째로 삼켜 버렸다. 윌리엄 버클랜드는 세상 모든 일을 적어도 한 번은 시도해봐야 한다고 믿는 사람이었던 것이다.

지금은 어디에 있을까?

윌리엄 버클랜드는 루이 14세의 심장을 먹은 후로부터 얼마 지나지 않아 세상을 떠났으며, 런던의 웨스트민스터 사원에 묻혔다. 심장을 뺀 루이 14세의 나머지 시신은 생드니 성당에 안장되어 있다.

뜯고 씹고! 맛있게 드시길!

흔히 식인종이라 하면 거의 벗은 채로 다니는 미친 야만인이라고 생각하겠지만, 예전에는 식인종도 아니면서 시체의 조각을 먹는다고 으스대던 사람들도 있었다. 그들은 심지어 사람 몸의 일부를 먹는 것에 심취한 나머지 어느 부분을 섭취할 것인가를 두고 힘들게 고민하기도 했다. 여러분이라면 어느 부위를 선택하실 건지?

맛보기

17세기의 이탈리아 의사인 안토니오 마리아 발살바(Antonio Maria

Valsalva)는 죽음의 원인을 밝혀내는 방법으로 시체에서 흘러나오는 액체를 맛보았다고 한다. 그가 남긴 맛 평가에 따르면 괴저성 고름이 가장 역겹고, 혀가 계속해서 쑤셨다고 한다.

나의 예술, 나의 인생… 나의 점심

멕시코의 화가이자 프리다 칼로의 연인이었던 디에고 리베라(Diego Rivera)는 자신의 작품을 '나의 예술, 나의 인생'이라며 열정적으로 묘사했지만 음식에도 대단히 열정적이었다. 한때 그는 시체공시소에서 제공받은 싱싱한 시체를 즐겨 먹었는데, '비네그레트 소스를 곁들인 여성의 뇌'를 가장 선호했다고 한다.

내 빵 속에 뼈가 들어 있다고?

〈잭과 콩나무〉에 나오는 거인이 "그 녀석의 뼈를 갈아 빵으로 구워버릴 테다!"라고 소리친 것은 농담으로 한 말이 아니었다. 1800년대에는 제빵사들이 빵을 부풀리기 위해 뼛가루를 사용하는 것이 일반적인 관행이었으니 말이다.

미라가 포장해준 샌드위치

미국 남북전쟁 동안 메인 주에서 제지 공장을 하던 아이작 어거스터스 스탠우드는 펄프의 원료로 쓰던 넝마가 바닥이 나자 해결책을 생각해 냈다. 바로 이집트에서 고대의 미라들을 수입해 시체를 감싸고 있는 천을 벗겨내 종이를 만드는 것이었다. 그는 이렇게 만들어진 특별한 갈색 종이를 정육점과 식료품점에 주로 팔았으며, 결과적으로 이 종이는 식품과 샌드위치를 싸는 데 이용되었다.

아즈텍의 부활절 축제

옛 아즈텍 사람들은 해마다 젊은 남성 한 명을 운명의 신 테즈카틀리
포카의 대역으로 선발하여 신처럼 숭배했으며, 아름다운 옷을 입히고
최고의 음식으로 대접했다. 이 대접은 스무 달 동안 죽 이어지며, 마
침내 젊은 아도니스(그리스 신화 속 아름다운 청년–역주)가 100개의 계단
을 거쳐 피라미드의 꼭대기에 올라 제단 위에 눕게 되는
순간이 온다. 잠시 후 젊은이의 심장은 고동치는 채
로 잡아 뜯겨 신에게 제물로 바쳐지며, 사람들은 사
원 옆으로 내던져진 몸의 나머지 부분을 요리하
여 먹었다고 한다.

GEORGE WASHINGTON

February 22, 1732–December 14, 1799

22세

조지가 처음으로 치아를 상실함.
나머지 치아는 검게 변색됨.

40세

이미 수차례에 걸쳐
발치를 한 상태임.

49세

조지가 처음으로 틀니를 맞춤.

57세

조지, 대통령이 됨.
남은 치아는 단 한 개임.

입 속의 은밀한 전쟁

조지 워싱턴

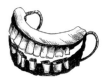

조지 워싱턴에 관한 한, 역사는 좋은 이야기만을 남겨 놓았다. 여러분도 그에 관한 좋은 이야기들을 이미 들어왔을 것이다. 그가 미국의 초대 대통령이자 미국 건국의 아버지라는 것, 또한 독립 전쟁 동안에는 군사적 영웅이기도 했다는 것 등등. 또한 그는 멋진 디너파티를 열었으며, 미뉴에트 댄스(빙빙 돌기를 하는 우아한 춤)를 곧잘 추는 실력의 소유자였고, 전국에서 가장 말을 잘 타는 최고의 기수로 불렸다. 그뿐만 아니라 그는 너무나 정직해서 아버지가 가장 아끼는 벚나무를 베고도 '거짓말을 할 수 없어서' 즉시 자신의 행위를 고백한 일화를 지니고 있다. 그러나 사실 벚나무 이야기는 전기 작가 중 한 명이 조지를 남다른 인물로 보이기 위해 꾸며낸 일화였다. 물론 조지는 남달리 훌륭한 사람이었지만, 결함이 없는 것은 아니었다는 뜻이다.

　우선, 조지라고 해서 늘 단정하고 예의 바르지는 않았다. 심지어 그는 이따금씩 머리카락을 늘어뜨리며 백색 파우더를 뿌려댔다. 그는 또한 대단히 성미가 급했는데, 어떤 목격자의 말에 따르면 "나뭇잎이 진저리를 칠 때까지" 욕설을 퍼붓더라고 했다. 그런가 하면 아내인 마사와 결혼하기 전의 일이지만, 가장 친한 친구의 아내인 샐리 페어팩스에게 물의를 일으킬 수 있는 내용을 시로 써 보내기도 했으며(그녀는 거절했다), 결정적으로 이 온후한 얼굴들 뒤에 가려진 가장 어둡고 지저분한 비밀이 하나 더 있었으니, 그것은 바로 조지 워싱턴의 치아가 끔찍했다는 것이다.

그가 처음으로 치아를 잃은 것은 스물두 살 때였다. 나머지 치아 중 몇 개도 썩은 바나나 색으로 변해 갔다. 당연히 그는 자신의 흉한 치아 때문에 낭패스러워했으며, 금전 기록부에 치과 진료비를 '모자 구입비'로 적어 넣어 남들이 모르도록 했다. 사람들이 농담을 걸어도 그는 입을 다물고 버텼으며, 디너파티에서도 절인 트라이프(tripe, 소의 위장)같

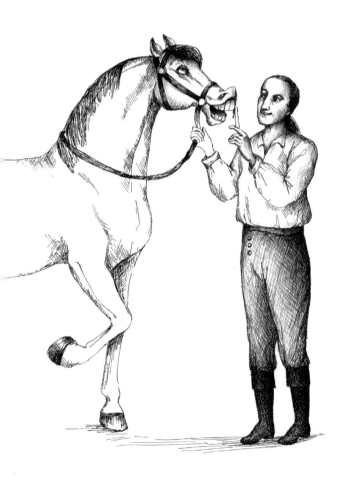

이 부드러운 음식만 먹었다. 씹을 수가 없어서였다. 그러나 그는 내내 치아를 깨끗이 관리하는 일에 최선을 다해왔다. 대부분의 사람들이 치아 관리에 신경을 쓰지 않던 식민지 시대였다. 치아 위생은 젊은 여자들이나 하는 일, 마사지를 받는 정도의 일로 여겨졌다. 그러나 조지는 칫솔, 치분(齒粉), 치실, 스폰지 등을 두루 주문하여 사들였다. 심지어 말의 치아까지도 깨끗하게 솔질했는지 하루도 빼놓지 않고 확인했다.

조지는 전장에서 여러 번 죽음을 모면했지만, 말라리아, 천연두, 독감을 모두 다 피할 만큼 운이 좋지는 않았다. 그가 앓아누우면 의사들은 염화수은을 처방하곤 했는데, 이 약은 치아가 빠져나가는 부작용이 있었다. 게다가 초기 식민지 주민들이 흔히 그랬던 것처럼 조지 역시 옥수수를 지나치게 섭취하는 아주 안 좋은 식습관을 가진 데다 단것들을 달고 살았다. 특히 설탕 입힌 아몬드를 가장 좋아했다. 식민지 시대에는 치약이라는 것이 없었고, 대신에 몰약(발삼 나무에서 채취한 향이 좋은 나무진, 미세 분말)이나 오징어 뼈로 만든 치분을 썼는데, 이것들은 치아를 깨끗이 해주기는 했지만, 치아 표면의 법랑질을 마모시켜 결과적으로는 치아의 부식을 더 악화시키는 역할을 할 뿐이었다. 이 모든 것에 더해, 이갈이를 유발하는 심각한 스트레스들도 있었다. 결국 조지는 한 해 동안 치아의 대부분을 잃고 말았다.

치아를 잃는다는 것은 말이 쉽지, 정말 고통스러운 일이었다. 치과의사들은 치아 열쇠(tooth key)라고 하는 금속 도구를 치아에 걸어 고정시켜 놓고 뿌리부터 함께 뽑아냈다. (옆에 있는 무시무시한 그림을 보시라.) 이것이 아픈 건 지극히 당연한 일이지만, 마취 같은 건 있지도 않았다. 따라서 무조건 빠르게 시술하는 치과의사를 최고로 쳤다. 안타까운 것은, 그나마 이를 치과의사에게 맡길 수 있는 사람이 별로 없었으며, 아예 치과의사를 구경도 못하는 사람들이 대부분이었다는 것이다. 독립전쟁 당시 치과의사의 수는 전국을 통틀어 79명뿐이었다. 그래서 어떤 이들은 대장장이를 찾아가 이를 뽑기도 했으며, 더 나쁜 경우는 자기 손으로 무작정 잡아당겨 빼기도 했다는 것이다.

아무튼, 독립전쟁 당시 조지는 머리 바로 옆으로 휙휙 지나가는 총알에 맞서 싸우는 와중에 입 속에서도 또 하나의 은밀한 전쟁을 치르고 있었던 것이다. 이가 너무 많이 빠지자 그는 치과의사인 존 그린우드에게 틀니를 제작해 달라고 했다. 그린우드 박사는 소, 엘크, 당나귀의 이빨 및 사람의 치아를 납 위에 얹어 땜질해 붙이고, 뒤쪽에 금속 코일을 부착하여 틀니를 만들었다. 그중 사람의 치아는 조지 자신의 것을 쓰기도 하고, 그가 데리고 있던 노예들에게서 사서 쓰기도 했다. 맞다. 꽤나 야만적이었다. 심지어 일부 치과의사들은 한 사람의 치아를 다른 사람에게 그대로 이식하려고까지 했는데, 이것은 거의 효과가 없었으며 툭하면 감염으로 이어졌다.

조지는 치아 이식 대신 틀니를 고수하기로 결정했지만, 당연히 오늘날 볼 수 있는 것처럼 흰색의 윤이 나는 도자기 재질은 아니었다. 게다가 이물질이나 절인 트라이프가 틈 사이에 끼기라도 하면 온통 갈색으로 찐득거리는 것이 마치 썩은 나무와 흡사해 보였다. (아마 이 때문에 그의 치아가 나무로 되어 있다는 잘못된 소문이 퍼지기 시작했을 것이다.) 더 최악은 틀니가 입 안에 붙어 있게 하기 위해 조지가 끊임없이 이를 앙다물면서 볼을 부풀려야 했다는 것이다. 이 때문에 그는 심술궂은 다람쥐처럼 보였다. 그래도 조지는 불평을 늘어놓고 싶어 하지 않았다. 치과 의사에게 치통에 대해 설명하는 편지를 쓰면서 (치통이) '엄청난 고통을 줍니다'라는 문장에 줄을 그어 지운 후 '때때로 대단히 성가십니다'로 고쳐 쓴 것을 보면 말이다. 당시 영국군은 조지가 '성가신' 치아에 관해 쓴 편지를 도중에 가로채 읽고는 박장대소를 했다고 한다.

조지가 대통령이 되었을 무렵 그에게 남은 치아는 단 하나였다. 그는 이것을 지켜야겠다고 결심했다. 그린우드 박사는 마지막 치아 자

리에만 구멍을 내고 나머지 치아가 붙은 형태로 틀니를 제작했다. 그러나 치아가 빠진 조지의 턱이 무너져 내리기 시작했고, 볼은 안쪽으로 푹 꺼져 들어갔다. 1달러짜리에 입을 꽉 다문 조지의 초상화가 그려져 있는 걸 아시는지? 초상화의 모델로서 화가 스튜어트 길버트 앞에 앉았을 때 조지는 입이 처지는 걸 막으려고 입 속에 목화솜을 채워 넣고 있었고, 지폐 속의 그가 그처럼 부루퉁해 보이는 원인이 되었다.

대통령으로서 두 번째 임기를 맞이했을 무렵부터 조지는 미소를 짓지도 않았으며, 말도 많이 하지 않았다. 틀니가 계속 입 밖으로 튀어 달아나려 했으며, 'S'를 발음하려 하면 침이 새어 나왔다. 두 번째 취임 연설은 단 135개의 단어로만 이루어진, 역사상 가장 짧은 연설이었다.

1796년, 조지의 마지막 치아가 빠진 날, 존 그린우드는 그것을 금과 유리로 만든 작은 상자에 넣어 자신의 주머니 시계에 달아놓았다. 미국 초대 대통령의 치아의 마지막을 되새기기에는 안성맞춤인 보관 방법이었다.

1799년 12월 12일, 조지 워싱턴은 심한 인후염으로 고통을 겪다가 마운트버넌의 집에서 몸져누웠다. 의사들은 평소처럼 사혈(瀉血)이라고 하는 말도 안 되는 처방을 내렸다. 그들은 외과용 메스로 팔의 정맥을 자른 뒤 커다란 그릇에 뚝, 뚝, 뚝 떨어지는 피를 받아냈다. 조지는 유달리 피를 많이 흘린 경우여서, 약 1.8리터에 달하는 엄청난 양의 출혈을 기록했다. 이틀 후, 조지는 기도 폐색과 과다출혈이 원인이었을 것으로 보이는 복합적인 사인으로 세상을 떠났다. 이번에도 그는 불평하지 않았다. 그의 마지막 말은 "잘하셨소"였다.

지금은 어디에 있을까?

1937년에 그린우드의 자손들은 조지 워싱턴의 마지
막 치아를 뉴욕의학아카데미에 기증했다. 그가 마
지막까지 하고 있던 틀니는 워싱턴 DC의 스미
스소니언에 소장되어 있다가 1981년에 도난
당했다. 틀니의 아랫부분은 나중에 발견되었
지만 위쪽 부분은 찾지 못했다. 버지니아의 마
운트버넌에 있는 조지 워싱턴의 집에도 그가 썼
던 다른 틀니가 보관되어 있다.

산 채로 매장된 사람들

임종할 때 조지 워싱턴은 비서인 토비아스 리어에게 죽은 뒤 이틀이
지난 후 매장하겠다는 약속을 받아냈다. 사람들의 애도를 더 길게 받
아보겠다는 것이 아니라, 당시 많은 사람들이 지니고 있던 대단히 현
실적인 두려움 때문이었다. 그는 산 채로 묻히고 싶지 않았던 것이다.

살아 있는 사람을 매장한다는 것이 가능한 일인지 상상해 보시길.
그러나 그런 일이 실제로 흔했다. 청진기가 발명되기 이전, 의사들이

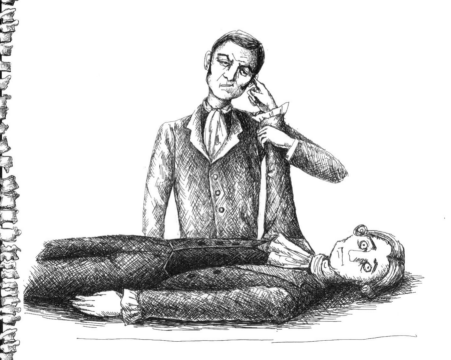

죽음을 확인하는 방법은 꽤나 초라했다. 때때로 의사들은 죽은 사람의 손가락을 자기 귀에 찔러 넣고 웅웅거리는 소리가 들리는지 귀를 기울이곤 했다. 아무 소리도 안 들리면 생명이 소실됐다고 판단한 것이다.

1804년, 버지니아에서 앤 카터 리가 산 채로 매장되었다. 그녀는 강경증(정신을 잃은 채 온몸의 근육이 경직되는 증세)을 앓고 있었다. 아마 세상 그 어떤 것보다도 죽음과 비슷한 상태로 보였을 것이다. 앤에게 이 발작이 일어나자 모든 사람들이 그녀가 운명했다고 믿어 의심치 않았다. 그녀는 관에 눕혀졌고, 저마다 그녀에게 작별을 고했다. 그로부터 며칠 후 교회지기가 꽃을 가져다 놓으려는데, 관 속에서 탕탕 치는 소리가 들렸다. 관을 열어 보니 앤이 몸을 일으켜 주위를 둘러보면서 자기가 왜 관 속에서 깨어났는지 의아해하는 지극히 자연스러운 반응을 보였다. 이후 그녀는 점점 건강을 되찾았으며 15개월 후에는 아들을 출산했는데, 그 아기는 여러분도 잘 아는 인물이 된다. 남북전쟁 때 누구보다 이름을 떨친 남부연합군의 장군 중 한 명인 로버트 리(Robert E. Lee)가 바로 그였다. (앤이 산 채로 묻혔다는 것에 의문을 표하는 역사가들도 있다. 리 일가가 주고받은 편지들 중 어느 것에도 이 일에 관한 언급이 없다는 이유에서이다. 다만 이 일화는 리 일가에 의해 외부로 알려진 것이 맞고, 1934년 〈워싱턴포스트〉 지에 앤의 성급한 매장에 관한 자초지종이 실려 있다. 이제 와서 그 누구도 사실 여부를 확인할 수는 없다. 그러나 만약 내가 어처구니없게 가족을 산 채로 묻

어 버렸다고 하면, 그걸 편지에 써서 동네방네 떠들지는 않을 것 같다.)

산 채로 매장당한 사람들의 이야기 중에서 가장 유명한 것은 마저리 맥콜의 사례일 것이다. 1705년, 북아일랜드에 살던 마저리 맥콜은 병을 앓던 중 사망을 선고받게 되었다. 가족들은 경야(經夜, 고인의 시체 곁에서 밤을 새우는 의식–역주)를 치르고 고인을 샨킬 묘지에 안장했다. 임종할 때 그녀는 값비싼 반지를 끼고 있었는데, 그것 때문에 도굴꾼들이 꼬일 것을 염려한 가족들은 손가락에서 반지를 빼내려고 했는데, 아무리 애를 써도 반지는 움직이지 않았다. 결국 우려는 현실이 되었다. 그날 밤, 도굴꾼들이 가련한 마저리의 시신을 파내 반지를 훔치려 한 것이다. 그러나 그들 역시 반지를 뺄 수가 없었다. 도굴꾼 중 하나가 칼을 가져다 그녀의 손가락을 자르기 시작했다. 혼수상태에 빠져 산 채로 매장을 당하고도 꿈쩍 않던 마저리였다. 그런데 손가락이 잘려 나가자 그녀의 정신이 돌아왔다. 마침내 그녀를 움직이게 한 일이 발생한 것이다. 도굴꾼들은 당연히 기절초풍하여 비명을 지르며 묘지에서 튀어 달아났다. 마저리는 몇 년을 더 살다가 세상을 떠났다. 그녀의 묘비에는 이렇게 새겨져 있다. "한 번 살았고, 두 번 묻혔다."

Franz Joseph Haydn

March 31, 1732–May 31, 1809

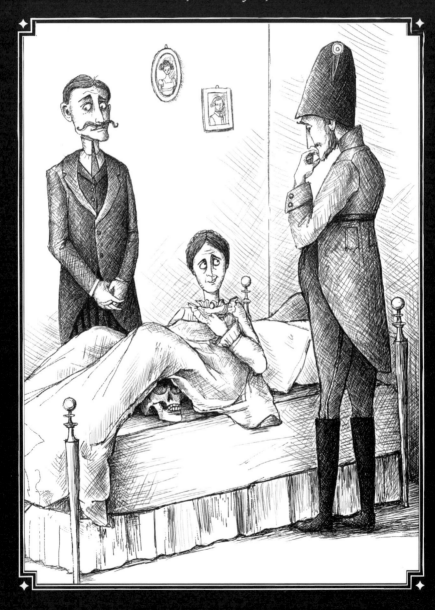

두 개의 머리, 하나의 몸

프란츠 요제프 하이든

만약 사람의 머리를 훔칠 계획이 있다면 최대한 신속하게 행동에 옮기는 것이 최선이다. 그렇지 않으면 반드시 불유쾌한 꼴을 보게 될 것이기 때문이다. 그러나 요제프 칼 로젠바움과 요한 네페무크 페터는 이런 것에 굴하지 않고 훈트스투름 묘지에 기어들어가 기어이 프란츠 요제프 하이든의 머리를 훔쳐냈다. 1809년 6월 4일, 시신이 매장된 지 8일째 되던 날이었다. 8일이면 시신의 부패 정도는 로젠바움에게서 구토를 유발하기에 충분했으며, 그의 말대로 "이미 상당히 녹색으로 변해 있었다." 그러나 로젠바움은 당시로썬 최신 뇌 과학이었던 골상학 연구에 도움을 얻기 위해 하이든의 머리가 절실했다. (녹색의 구역질 나는 물질은 어스니아(usnea)라는 균류의 일종이다. 17세기에는 범죄자들의 두개골에서 이것들을 긁어내어 코피의 치료제로 이용했다.) 골상학자들은 머리에서 융기된 부분과 오목한 부분들이 죄다 그 사람의 특성과 성격을 읽는 비밀스러운 점자의 역할을 한다고 믿었다. 이들은 두상이 재미있는 형태를 하고 있으면 그 사람은 문제가 있는 것이라고 여겼다. 예를 들어 움푹 꺼진 곳이 한 군데 있으면 개선의 여지가 없는 도벽의 소유자로 보았다.

그러나 하이든은 그런 식의 기벽이 있는 사람이 아니었다. 그는 당대 최고의 피아노곡 작곡가이며, 장난치기 좋아하는 천재, 대책 없이 낭만적이며 여러 방면에서 매력적인 친구였다. 그는 어느 모로 보나 머리를 도둑맞아도 될 만한 사람이 아니었다.

하이든은 1732년 3월 31일, 오스트리아 로라우의 작은 마을 초가집에서 태어났다. 어린 시절, 그는 넉넉하지는 않았지만 어머니의 노력으로 깨끗하게 정돈된 집에서 지냈으며 배를 곯지는 않았다. 하이든은 놀라운 가창력을 지녔으며 어릴 때부터 음악에 호기심을 보였다. 될 성부른 음악 천재들이 그렇듯, 그도 진짜 악기를 사주기 전까지 나무 막대기 두 개로 바이올린을 켜는 시늉을 하곤 했으며, 여섯 살 무렵에 이미 건반악기와 바이올린, 팀파니를 연주할 수 있었다. 그는 여덟 살에 비엔나로 보내져 성스테파노 합창단에서 노래를 부르게 되었는데, 여기에 입단하려면 만만찮은 성대를 지니고 있어야 했다. 가장 높은 귀족들을 비롯하여 여제인 마리아 테레지아까지 이들의 청중이었다.

만약 사춘기라고 하는 사소한 일이 일어나지만 않았다면 하이든은 나이를 먹고 늙어서까지 노래 부르는 것으로 밥벌이를 하며 살았을 것이다. 그러나 어느 날 갑자기 호르몬이 그의 목소리에 대혼란을 일으켰고, 여제는 하이든이 "수탉처럼 울어댄다"고 불평했다. 이제 그에게는 두 가지 선택의 길이 있었다. 한 가지는 당시의 많은 남자 가수들이 그랬던 것처럼 거세하여 카스트라토(castrato)가 되는 것이었고, 이것이 싫으면 남성적인 목소리를 온전히 지키되 새 직업을 찾아 나서는 것이었다. 거세는 외과의가 혈액의 공급을 차단하여 고환을 제거시키는 것을 말한다. 고환이 없으면 남성호르몬인 테스토스테론이 더 이상 생성되지 않아서 성대의 성장을 막는 결과로 이어지며, 성대가 짧은 채로 있게 되면 가수는 이전처럼 높은음을 계속해서 낼 수 있게 된다. 거세는 특히 17~18세기의 이탈리아 오페라 가수들 사이에서 성행했다가 1870년이 되어서야 불법화되었다. 비로소 사람들은 예쁜 노래를 위해 신체의 중요 부위를 시들게 하는 행위가 단지 고통과 뒤틀림에 지나지 않는다는 것을 깨닫게 된 것이다.

하이든은 칼을 피하는 쪽을 선택했지만, 워낙 장난스러운 성격이라서 뭔가를 자르기는 해봐야겠다고 결심했다. 그리고 어느 날 새 가위를 시험해보겠다면서 동료 합창단원의 땋은 머리를 잘라 버렸다. 이 사실을 알게 된 합창단장은 낡은 셔츠 세 벌과 닳아빠진 단벌 코트만 쥐어주고는 그를 길거리로 내동댕이쳐 버렸다. 그나마 다행인 것은 동료 가수의 집에서 묵을 수 있게 된 것이었다. 하이든은 밥값을 벌기 위해 혹독한 추위에 오들오들 떨며 귀족 아가씨들의 집 앞에서 세레나데를 연주하고, 하루 18시간씩 학생들에게 음악 교습을 해야 했다. 그러다 마침내 파울 안톤 에스터하지 후작이 그의 재능에 관심을 보였다. 후작은 자신이 만든 관현악단의 보조 지휘자 자리를 그에게 내주었다. 하이든은 후작이 죽은 후 런던으로 옮겨 가 가장 위대한 작품 몇 개를 썼으며, 나이 들어서는 다시 비엔나로 돌아가 '교향곡의 아버지'라는 이름을 얻기에 이른다. 1809년 5월 31일, 그는 일흔일곱 살의 나이를 일기로 비엔나 교외의 자택에서 숨을 거두었다.

만약 그가 불운한 시절에 타계하지만 않았더라도 꽤 장엄한 장례식을 치렀을 텐데, 때마침 황제 나폴레옹 보나파르트의 군대가 오스트리아 외곽으로 진군해오고 있었다. 곧 프랑스 군대는 비엔나 전역으로 벌떼처럼 몰려들었고, 하이든의 집 마당에까지 포탄을 떨어뜨렸다. 누구든 고인을 애도할 분위기가 아니었다. 장례식은 간소했으며, 급하게 매장이 치러졌다.

프랑스군의 침공으로 모두가 정신이 어지러운 상황이라서 죽은 사람의 머리 하나를 훔치는 것은 일도 아니었다. 로젠바움과 페터는 훔쳐낸 하이든의 머리를 비엔나 종합병원에 소속된 골상학자들 그룹에 넘겨주어 분석을 의뢰했다. 이 골상학자들은 머리를 삶고 표백하고 남은 살점들을 모두 긁어내어 자신들의 해골의 전당에서 '음악적인 굴곡'을 더 잘 관찰할 수 있게 다듬었다. 그랬더니 결과는, 하이든의 두개골에 꽤 커다란 굴곡이 있는 것으로 드러났다. 시험이 끝난 후 골상학자들은 갓 다듬은 하이든의 머리를 로젠바움에게 돌려주었다. 로젠바움은 그걸 자기 집에 있는 진열장에 보관해 두었다.

몇 년이 지난 1820년, 하이든의 옛 고용주의 조카인 니콜라우스 에스터하지 2세 공이 하이든을 제대로 매장해주어야 할 때가 되었다는 생각을 하였고, 위대한 작곡가에 걸맞은 편안한 영묘로 그의 시신을 이장하기로 했다. 자, 에스터하지 공께서 무거운 관이 끼이익 열리는 순간, 고인의 몸과 근사한 회색 가발 그리고 머리! 세상에, 그가 당연히 붙어 있으리라 생각한 머리가 시신에서 사라진 걸 보고 얼마나 놀랐을지 상상해 보시라. 에터스하지 공은 굉장히 언짢아했다. 얼마 지나지 않아 문제의 두개골이 로젠바움의 집에 있다는 제보가 경찰에 입수되었다. 로젠바움은 경찰이 출동했다는 말을 미리 전해 듣고 아내가 병에 걸린 것처럼 꾸며 다급히 침대에 눕게 한 뒤 치마폭에 두개골을 숨기는 데 성공했다.

남은 문제는 그가 사라진 두개골을 반드시 찾아내겠다고 약속을 해버렸다는 것이었다. 그런데 그는 정말로는 하이든의 머리를 돌려주고 싶지 않았다. 그동안 그 두개골에 대한 애정이 점점 커졌던 것이다. 결국 그는 다른 사람의 두개골을 하이든의 것이라고 속이기로 했다. 계략은 훌륭하게 맞아떨어졌다. 에스터하지 공은 누구 것인지 모를 두개골을 장엄한 묘당에 매장했으며, 그 뒤로도 끝내 사실을 알지 못했다.

마침내… 로젠바움이 임종을 눈앞에 두게 되었는데, 마지막이라고 생각해서였는지 그는 갑자기 마음이 변하여 의사에게 그 오래된 두개골에 대해 털어놓았다. 그는 하이든의 머리를 '음악의 친구들 협회'에 보내고 싶다는 의지를 밝혔는데, 그것이 누군가의 머리를 훔친 사람이

해야 할 마땅한 일이라고 여겼기 때문이다. 안타까운 것은, 사람은 끼리끼리 모이는 법이라서 로젠바움이 마지막 숨을 몰아쉬기도 전에 이번에는 그 의사가 두개골을 훔쳐서 어느 오스트리아의 교수에게 팔아넘겨 버렸다. 나중에 이 교수는 비엔나대학교의 병리학박물관에 그것을 기증했다.

이제는 모든 이들이 하이든의 머리로 뜨거운 감자 놀이를 하는 것에 넌더리를 내고 있었다. 이때 '음악의 친구들 협회'가 애초에 로젠바움이 기증 의사를 밝힌 곳이 자기네 협회라면서 정당한 소유권을 주장하고 나섰다. 1839년, 결국 '음악의 친구들 협회'가 소송에서 이겨 머리를 차지했다. 그들은 하이든의 머리를 피아노 위에 얹어두고, 방문객들이 자유롭게 융기 부분을 연구하거나 행운의 동전처럼 문지를 수 있게 했다. 어쩌면 하이든은 이 모든 야단법석을 보며 신나게 웃었을지도 모르겠다. 그의 두개골에는 유머감각의 융기 부분 또한 큼직하게 두드러져 있었으니 말이다.

시간이 흐르면서 유명인의 두개골을 전
시해 놓는 것에 거부감을 보이는 시선
들이 생겨나기 시작했다. 1954년에
에스터하지 가문에서는 '음악의
친구들 협회'를 설득하여 하이든
의 머리를 몸과 다시 합칠 수 있게
했다. 얄궂은 것은, 하이든의 진짜
두개골이 원래부터 있던 이름 모를
사람의 두개골과 무덤을 나누어 써
야만 했다는 것이다. 여분의 두개골
을 무덤 밖으로 차버릴 만한 용기를 지
닌 사람이 아무도 없었기 때문이다. 결
국 두 개의 머리, 하나의 몸 그리고 굉
장히 좋은 가발 하나가 지금도 오스트리
아의 베르크키르셰 교회에 잠들어 있다.

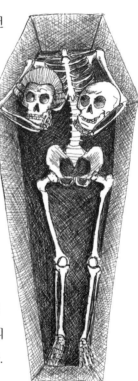

울퉁불퉁한 역사, 골상학

1790년대 비엔나의 의사 프란츠 요제프 갈(Franz Joseph Gall)은 두개
골론(나중에 골상학으로 개칭되었다)을 창시한 사람으로서, 두개골의 융기
를 보고 인물의 성격을 측정할 수 있다고 보았다. 그의 연구는 주로 주
변에서 볼 수 있는 인물들의 머리를 관찰한 자료가 기반이 되었다. 예
를 들어 몇 명의 도둑들을 시험한 결과 그들이 공통적으로 귀 위에 뚜
렷한 융기를 지니고 있는 것이 관찰되면, 그는 이런 결론을 이끌어내
곤 했다. '귀 윗부분이 불룩하게 솟은 사람들은 모두 범죄의 삶을 향해
가게 된다.' 또한 모차르트가 관자놀이에 손가락을 괸 채 작곡하는 모
습을 유심히 본 뒤, 관자놀이가 뇌에서 음악적 재능을 관장하는 부위
라고 믿어 버렸다.

　골상학은 19세기에 엄청난 인기를 끌기 시작했으며, 얼마 지나지 않
아 모든 사람들이 머리 모양을 가지고 친구들에게 점수를 매기게 되
었다. 일자리를 구하고 싶다고? 사장님들에게 당신의 머리 꼭대기가
발달해 있다는 것을 확인시켜 주면 된다. 열혈 일꾼이라는 표시로 받
아들여질 테니까 말이다. 진실한 사랑을 찾고 있다고? 그렇다면 당신
의 두개골 아랫부분에 커다란 융기가 있기를 바라야 할 것이다. 그렇
지 않으면 누구도 당신과 결혼하고 싶어 하지 않을 것이므로. 골상학
에서는 이마가 무엇보다 중요했다. 넓고 높은 이마의 소유자들은 머리
가 좋은 사람이라는 표시이기 때문이었다. 좁고 낮은 이마는 지능지

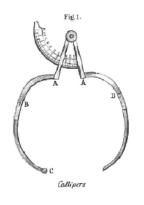

Fig.1.

Callipers

수가 침팬지 쪽에 더 가깝다는 의미로 받아들여졌다.

갈 박사의 원래 의도는 좋았다. 그러나 그의 뒤를 따른 사람들은 그렇지 않았다. 이내 돌팔이들이 대거 골상학의 시류에 편승하여 온갖 두개골 측정 장치들을 만들기 시작했다. 1905년에는 사이코그래프(psychograph, 72쪽 그림)가 발명되었는데, 미용실 퍼머 열기구와 중세 고문 기구의 중간쯤 되어 보이는 모양을 한 이 장치는 금속 막대를 이용해 두개골을 측정한 다음 판독 기록을 뽑어내게 되어 있었다.

그러나 골상학이 모두 허튼소리는 아니었다. 무엇보다 뇌의 여러 부분이 각기 다른 기능을 제어한다는 중요한 발견을 이끌어낸 것이 골상학이었다. 만약 그들이 어떤 장치를 이용해서건 뇌의 브로카 영역과 베르니케 영역이라고 불리는 두 개의 특정한 영역이 확장된 것을 발견한다면, 그것은 실제로 그 뇌의 소유자가 언어 능력에서 높은 수준으로 진화해 있다는 의미이다.

'이마가 넓은'이라는 뜻에서 유래한 '교양인(highbrow)'과
'이마가 좁은'이라는 뜻에서 유래한 '속물(lowbrow)'은
모두 골상학에서 비롯된 단어이다.

LUDWIG VAN BEETHOVEN

December 17, 1770–March 26, 1827

머리카락이 밝힌 진실

루트비히 판 베토벤

만약 당신이 고통에 찌든 정신 나간 천재로 기억되고 싶다면, 심각하게 시달려 마구 뻗치는 머리카락을 확보하는 것이 필수적이다. 루트비히 판 베토벤은 거친 록스타 헤어를 다량 보유했으며, 그에 어울리는 섬뜩한 낯빛을 지니고 있었다. 이 위대한 고전음악 작곡가의 임종에 팬들이 떼를 지어 몰려들었는데, 그들 모두는 똑같은 것을 원했다. 바로 회색으로 변해가고 있던 그의 머리카락 한 움큼이었다. 결국 너무 많은 사람들이 베토벤의 머리카락을 한 올씩 잘라가는 바람에 그는 털 뽑힌 닭을 연상케 하는 모습이 되었다. (사랑했던 고인의 머리카락을 보석과 엮어 간직하는 사람들이 더러 있다. 구글에서 '빅토리안 헤어 주얼리(Victorian hair jewelry)'를 검색하면 사람의 머리카락으로 만들어졌다는 것을 알고 나서야 으스스하게 여길 만한 매우 아름다운 목걸이와 팔찌, 머리핀 등을 볼 수 있을 것이다.)

베토벤을 아는 사람들은 그를 '고분고분함이라고는 한 톨도 없는' 사람이라고들 했다. 어린아이였을 때조차 그는 다른 아이들처럼 악기를 다루지 않았다. 악보를 무시하고 내키는 대로 마구 지어냈던 것이다. 그의 아버지는 그럴 때마다 아들의 머리를 때리면서 못하게 했지만, 베토벤은 절대로 그만두지 않았다.

자라서는 그는 신발도 신지 않고 유인원처럼 터벅터벅 비엔나 거
리를 걸어 다니곤 했다. 심하게 낡고 더러운 옷차림으로 그렇게 다니
다 보니 부랑자로 찍혀 체포된 적도 있을 정도였다. 그는 너무 요란하
게 웃어대고, 술을 과하게 마시고, 툭하면 사람들 얼굴에 침을 뱉는 나
쁜 버릇이 있었다. 또한 대책 없는 낭만주의자에, 항상 그러지 말아야
할 사람과 사랑에 빠지곤 했다. 그의 연정의 대상은 늘 그보다 사회적
지위가 높아서 로미오와 줄리엣 식의 비극적 결말이 아니고서는 결
코 결혼에 골인할 수가 없었다. 그러나 어찌해 볼 수 없을 정도의 그
런 비극은 그가 가슴을 찢는 슬픈 피아노곡을 작곡하는 데 영감을 불
어넣었다.

베토벤은 사람들의 등쌀 때문에 차라리 혼자 있는 편을 택했으며, 속옷 바람으로 작곡을 했다. 덕분에 호기심 많은 이웃 사람들은 몰래 유심히 그의 행동거지를 살피곤 했다. 그가 그처럼 심통 맞게 굴었던 데에는 건강이 좋지 않은 것이 큰 몫을 차지했다. 그는 심한 위장장애와 안질환, 신장결석으로 고통받았지만, 그가 사람들과의 대화를 회피한 가장 큰 이유는 따로 있었다. 귀가 먹어서 사람들이 하는 말을 한마디도 듣지 못했던 것이다. 그래서 그는 나팔형 보청기를 머리띠로 고정시켜 놓고 곡을 썼다.

가장 위대한 곡 중 하나로 평가받는 교향곡 9번을 작곡할 무렵, 그는 귀가 완전히 먹었다. 이렇게 건강이 점점 더 악화되면서 그의 기분도 널을 뛰었다. 한동안 입을 다문 채 감정이 격해 있다가도 다음 순간에는 친구들에게 짓궂은 장난을 치는 식이었다. 한번은 그의 열렬한 팬이면서 다른 작곡가의 아내였던 여성이 머리카락을 좀 얻고 싶다고 청하자 염소 털을 내주기도 했다. 그 여성은 나중에 자기가 놀림을 당했다는 사실을 알아챌 때까지 한동안 이 귀중한 기념품을 사람들에게 자랑삼았다고 한다. (이후 베토벤은 진짜 머리카락 한 움큼을 보내면서 장난을 만회했다.)

베토벤의 머리카락을 얻는 것은 오늘날 스타에게 사인을 받는 것과 같았기 때문에 많은 사람들이 베토벤이 너무 쇠약해져서 뿌리칠 수 없을 때를 노려 머리카락 몇 가닥이라도 슬쩍 가져가 보려고 한 것은 당연한 일이었다. 그런 팬들 중에 열다섯 살의 유대인 소년 페르디난트 힐러(Ferdinand Hiller, 독일의 작곡가, 지휘자. 음악에 관한 많은 책을 썼으며, 그 중에는 베토벤에 관한 연구도 있다 – 역주)도 있었다. 소년과 그의 피아노 선생인 요한 네포무크 후멜은 1827년 3월, 임종 전에 베토벤을 만나보겠다는 일념으로 눈 내리는 비엔나 거리를 힘겹게 걸었다. 두 사람이 도착했을 때 베토벤은 핏기라고는 없는 허연 팔다리를 간신히 들 수 있는 상태로 누워 있었으며, 온갖 액체로 가득 차는 바람에 위가 너무 부풀어 올라 마치 금방이라도 새끼 코끼리를 출산할 것 같은 모습이었다. 그는 온갖 질병을 두루 앓고 있었다. 수종(水腫)증, 간질환, 폐렴 등등. 그의 상태는 그야말로 총체적 난국이었다. 고통으로 몸부림치는 긴 시간을 몇 번이나 거듭한 끝에 그의 머리 위로 뇌우가 내리쳤다. 갑자기 베토벤은 하늘을 향해 주먹을 치켜들더니 이런 마지막 말을 남겼다.

"친구들이여, 박수를. 희극은 끝났다네."

그러나 진짜 연극은 이제부터가 시작이었으며, 연극의 주인공은 베토벤의 머리카락이었다. 페르디난트 힐러가 잘라낸 머리카락은 그의 아들인 파울 힐러에게로 전해져 유리를 두 장 겹쳐 짙은 색의 나무로 테두리를 한 로켓(locket, 사진 등을 넣어 목에 매달도록 만든 것―역주)에 보관되었다. 파울 힐러는 가족과 친구들이 나치 치하에서 고문을 당해 죽기 직전인 1934년에 세상을 떠났다. 그 시절에 유대인들은 투표를 하거나 재산을 소유할 수 없었으며, 많은 이들이 강제수용소로 보내져 다시는 바깥세상을 보지 못했다. 유대인들은 중립국으로의 탈출을 감행할 때 가장 소중하게 여기는 물건을 대개는 몸속에 숨기곤 했다.

그렇게 하여 베토벤의 머리카락의 자취는 점점 추운 곳으로 이동했으며, 1943년 10월에 덴마크의 길렐레지에 있는 어느 교회에서 다시 나타났다. 교회의 붉은 지붕 밑 다락방에 숨어 있던 어느 유대인 난민이 베토벤의 머리카락이 들어 있는 로켓을 손바닥에 감싸 꼭 쥐고 있었던 것이다. 동료 난민 여든 명과 다닥다닥 붙어 앉아, 그는 중립국인 스웨덴으로 자신들을 탈출시켜줄 배가 어서 도착하기만 기도하고 있었다. 이 난민의 기도는 끝내 응답을 받지 못했고 그의 이름도 역사 속으로 사라져갔지만, 나치 군인들이 교회 문을 부수고 들이닥치기 직전 그가 한 마지막 행동만은 큰 의미로 남게 되었다. 그는 자신을 숨겨주었던 케이 플레밍 박사에게 로켓을 넘겨주었던 것이다.

시간을 훌쩍 건너뛰어 1994년이 되었다. 문제의 로켓은 베토벤의 열성 팬들이 모이는 경매장에 모습을 드러냈다. 이 수집가들은 베토벤에 관한 것은 티끌이라도 갖고 싶어 했으며, 이제는 DNA 테스트를 이용하여 베토벤의 마지막 나날들이 무엇 때문에 그처럼 고통스러웠는지 밝혀낼 때가 되었다고 생각했다. 그리하여 실험이 시행되었으

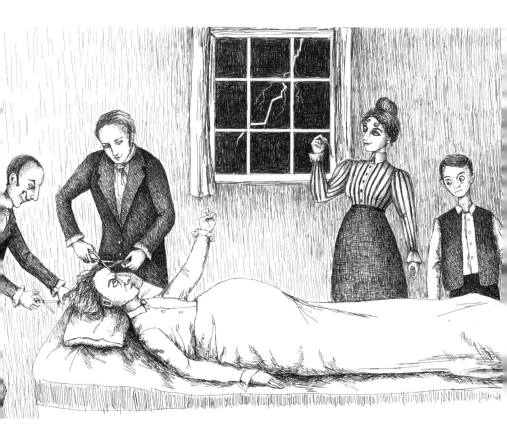

며, 베토벤의 머리카락 분석에서 드러난 결과는 모두를 경악하게 했다. 그의 사인은 중독이었던 것이다. 그러나 독이 든 술잔류의 전형적인 독살은 아니었다. 그런 멋진 이야기는 아니고,

베토벤을 중독시킨 것은 생활환경 속에 널려 있던 물질, 납이었다. 그가 살았던 시대에는 온갖 것 속에 납이 들어 있었다. 음식을 다루는 부엌 도구의 땜질에 이용되었고, 와인을 달콤하게 하는 첨가물로도 쓰였다(베토벤은 와인을 많이 마셨다). 때로는 빵을 구울 때 표면에 발라 윤기를 내기도 했고, 머스터드와 치즈에 섞어 광택을 더하는 데도 썼다. 이런 식의 일상적인 노출에 얹혀, 당시에는 청각장애 치료용으로 납이 함유된 알약을 사용한 것이 한몫을 했다. 임종 무렵 베토벤의 머리카락에는 정상적인 모발에서 발견되는 납의 양에 비해 42배가 넘는 납이 들어 있었다. 납 중독은 온갖 끔찍한 증상을 동반하는데 그중에는 복통, 기분이 널뛰기를 하는 조울증은 물론 청각 상실까지 포함되어 있다.

베토벤은 죽기 전에 다음과 같은 유언을 써서 남겼다. "내가 죽자마자, 그때까지 슈미트 박사가 살아있다면, 내 이름을 대고 그를 불러와 내 병에 대해 자세히 기록할 수 있게 해주게. 그러면 죽은 후에라도 세상과 화해할 수 있겠지." 과학의 힘을 통해 베토벤은 마침내 소원을 이룰 수 있었다.

지금은 어디에 있을까?

베토벤의 머리카락 다발들은 워싱턴 DC에
있는 국회도서관, 런던의 영국도서관, 독
일의 본에 있는 베토벤 생가(Beethoven-
Haus) 등에 보관되어 있다.

머리카락에 얽힌 역사

이백 년 전에는 유명한 사람이 동네에 오면 사인을 해달라는 사람이 없었다. 그 시절 사람들이 원했던 건 오로지 유명인의 머리카락 한 줌 이었다. 두 사람이 서로 호감을 가지게 되면 페이스북 친구를 맺는 것 이 아니라 서로의 머리카락을 교환했으며, 사랑하는 사람이 세상을 떠 나면 사진을 보며 추억하는 것이 아니라 머리카락을 로켓에 끼워 넣 어 그것으로 고인에 대한 기억을 되살렸다. 옛사람들이 옳았다. 지금 에 와서야 우리는 머리카락이 그 사람에 대해 얼마나 많은 정보를 담 고 있는지 알게 되었다. 단 한 개의 머리카락 모낭에도 한 사람의 DNA 가 모두 들어 있고, 그것만으로 그의 건강과 성격에 관한 비밀을 밝힐 수가 있기 때문이다.

에드거 앨런 포 (EDGAR ALLAN POE, 1809~1849)

포의 머리는 늘 단정한 편이었지만 몸은 엉망이었다고 하는 편이 맞을 것이다. 1849년 10월 3일, 시인이자 작가인 포는 다른 사람의 옷을 입은 채로 어느 선술집 문 앞에서 거의 혼수상태로 발견되었다. 근처의 병원으로 옮겨졌지만 나흘 후, 그는 결국 숨을 거두었다. 오랫동안 역사가들은 그의 사인을 공수병으로 추정했지만, 머리카락을 분석한 결과 다른 문제도 있었다는 것이 밝혀졌다. 바로 비소 중독이었다.

2006년의 모발 테스트에서 비소가 정상치의 15배 정도 검출된 것인데, 역사가들에 따르면 포가 물을 통해 비소를 섭취했을 가능성이 가장 높다고 한다. 수치 자체는 그의 직접 사인으로 볼 정도가 아니었지만, 비소 중독이 일으키는 여러 무서운 증상 중에는 착란, 구토, 두통이 있고, 얄궂게도 탈모도 끼어 있다.

찰스 다윈 (CHARLES DARWIN, 1809~1882)

가련한 다윈. 박물학자인 다윈은 사는 동안 내내 구토와 위통, 고창 (가스가 차서 속이 부글거리는 증세 – 역주), 일상적인 설사와 만성피로에 시달렸다. 건강이 어찌나 안 좋았던지, 의사들은 그가 혹시 이런 증세들을 지어내는 건 아닐까 하는 생각을 할 정도였

다. 2013년에 한 연구팀이 다윈의 턱수염에서 채취한 두 개의 모낭으로 실험을 실시했는데, 그 결과는 모두를 깜짝 놀라게 했다. 다윈은 크론병, 즉 염증성 장 질환을 앓고 있었던 것이다. 그는 장염으로 죽은 것이 아니지만(직접 사인은 심장마비였다), 이 병이 영국 군함 비글호의 선상에서 그로 하여금 화장실까지 쉴 새 없이 달리기를 하게 만들었을 것은 분명해 보인다. (다윈은 표본을 수집하러 떠난 5년간의 여행 중 18개월을 왕실 해군함정 위에서 보냈다. 화장실은 상층 데크의 판자에 구멍을 뚫은 게 전부였고, 사생활 같은 것은 없었다.) 이 외에도 그의 머리카락에서는 기억력과 대머리, 그리고 위험감행(risk taking, 위험을 감지하고도 그것을 행하는 성향 – 역주)에 관련된 유전자가 검출되었다.

엘비스 프레슬리(ELVIS PRESLEY, 1935~1977)

우리 대다수는 어떻게 죽을지를 선택할 수 없지만, 개중에는 다른 사람들보다 선택의 여지가 조금은 더 있는 사람들이 있다. 엘비스의 경우 위장 및 약물 문제 외에도(206쪽 참조), 머리카락을 통해 밝혀진 더 많은 질병들이 그의 죽음에 관계되어 있었다. 비후형심장근육병증이

라는 희귀한 유전성 심장병도 그 중 하나였다. 이 질병은 심장을 비정상적으로 두껍게 만들어 치료하지 않고 두면 결국 사망하게 된다. 그의 머리카락에서는 녹내장, 편두통, 비만에 관계된 유전자도 검출되었으며, 모두 엘비스가 평생 겪어내야 했던 증세들이었다.

요람에서 무덤까지

에이브러햄 링컨

1865년 4월 14일의 며칠 전, 에이브러햄 링컨 대통령은 기묘한 꿈을 꾸었다. 자신이 백악관의 이스트룸(East Room, 백악관의 행사 및 연회 장소-역주)에 있고, 그곳에는 수많은 사람들이 화려한 크리스털 샹들리에 아래 모여 있었다. 사람들은 머리 숙여 기도를 하고 있었으며, 들리는 소리는 오로지 발걸음 때문에 빛바랜 양탄자에서 먼지가 풀썩거리는 소리뿐이었다. 그는 인파를 헤치고 나아갔다. 점점 더 다가갈수록 방 한가운데에 뭔가가 있다는 느낌이 들었다. 그것은 시체였다. 링컨은 애도객 중 한 명에게 누가 죽은 것인지 물어보았다. 그 애도객은 이렇게 대답했다. "대통령입니다. 암살자에게 살해당하셨지요."

1865년 4월 14일, 꿈은 현실이 되었다. 존 윌크스 부스(John Wilkes Booth)(126쪽 참조)가 포드 극장에서 연극을 상연하다가 도중에 링컨 대통령을 저격한 것이다. 링컨은 그 이튿날 사망했다. 링컨은 자신이 죽을 걸 알고 있었을까? 그럴지도 모르겠다. 사실 그의 목숨이 위험하다는 건 심령술사가 아니어도 알아맞히기가 어렵지 않은 일이었다. 노예해방을 선언하고 남북전쟁 동안 62만 명의 군인들을 죽음으로 몰고 간 그의 결정은 대중의 반감을 사기에 충분했고, 죽여 버리겠다는 위협은 셀 수도 없었기 때문이다. 그를 살해하기로 한 음모가 너무 많아서 죽은 후에도 그의 시신이 계속해서 그 값을 치러야 했던 것 또한 놀랍지 않은 일이다.

그가 죽어서 겪게 되는 모험은 꿈에서 본 것과 똑같은 장면으로 시작한다. 방부 처리된 그의 시신은 백악관 이스트룸에 누워 있었으며, 이후 그의 장례식은 열차를 이용해 7개 주 180개 도시를 통과하면서 진행되었다. 지나는 도시들마다 건물에 검은 천을 드리우고 그에 대한 애도를 표했으며, 장송곡이 연주되었고, 교회 종이 울렸다. 장례식

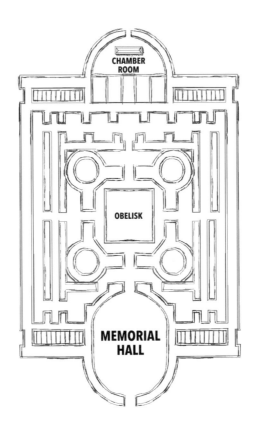

이 끝난 뒤 링컨은 묘가 만들어지는 동안 일리노이주 스프링필드에 있는 오크리지 묘지의 임시묘소에 안치되었다. 새 묘는 1871년에 완성되었으며, 링컨은 흰색 이탈리아 대리석 석관에 안치된 채 묘실로 이장되었다.(왼쪽 그림 참조)

문제는 그만큼 여행을 했으면 링컨의 시신도 영원한 안식을 얻을 때가 되었을 텐데, 일이 그렇게 되지 않았다는 것이다. 사실은 링컨의 암살이 있기 몇 시간 전부터 사단은 시작되고 있었다. 1865년 4월 14일 오전 11시에 재무장관인 휴 매컬럭이 다급히 링컨의 집무실로 들어와 심각한 문제가 생겼다고 보고한 것이 그 발단이었다. 위조지폐 범죄가 통제 불능 상태라는 것이었다. 실제로도 위조지폐범 일당들이 점점 세를 불려 북부에서 유통되는 화폐의 절반이 가짜 돈이라고 하는 경고 수위에까지 이르러 있었다. 사람들이 돈을 믿지 않으면 경제 전체가 붕괴될 수도 있었다. 매컬럭은 위조지폐범들을 잡아들이는 정부 상설 조직을 만드는 것을 대안으로 내놓았다.

3개월 후에 비밀수사국(Secret Service)이 창설되었다. 날 선 정장에 짙은 색안경을 쓰고 대단히 심각한 표정으로 대통령의 주변을 맴도는 그런 사람들이냐고? 글쎄, 그런 모습과 이 비밀수사국은 달랐다. 적어도 그때까지는 그랬다는 이야기이다. 이 비밀수사국의 임무는 위조지폐범, 또는 사기꾼으로 불리던 범죄자들을 추적하는 것이었다. (1901년에 윌리엄 매킨리 대통령이 암살당하자 정부는 대통령을 편집광들로부터 보호하려면 적어도 두 명 이상의 경호원이 필요하리라는 사실을 통감하게 되었으며, 이때부터 그 일을 비밀수사국이 맡았다.)

가장 특출한 재능을 지닌 위조지폐범 중에 벤저민 보이드라는 제판공이 있었다. 특히 그가 작업한 5달러짜리 지폐는 어찌나 완벽했던

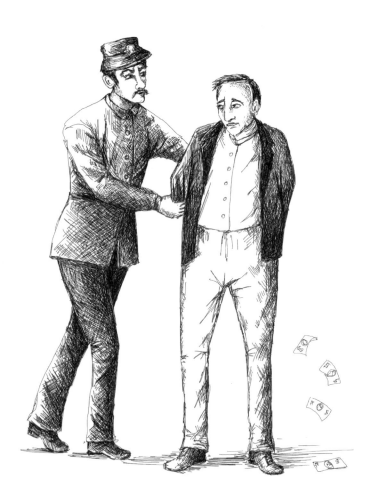

지 전문가들도 가짜를 구별해내지 못
했다고 한다. 승승장구하던 보이드는
1875년 10월 21일에 비밀수사국에 잡
혀 체포되었으며 10년의 징역형을 선
고받았다.

위조 도구

보이드가 체포되자 가장 큰 타격을 받은 사람은 시카고 범죄 조직의
우두머리인 짐 케널리(Jim Kennally), 별명 빅짐(Big Jim)이었다. 빅짐은
위조지폐를 액면가의 반값에 팔아넘기는 중간 상인이었다. 그런데 보
이드가 사라지자 위조지폐의 질이 떨어졌고, 구매자들은 값을 제대로
치르려 하지 않았으며, 결과적으로 빅짐의 사업에 이만저만한 지장이
아니게 된 것이다. 그는 어떻게 해서든 최고의 지폐 위조 기술자를 감
옥에서 꺼내 와야 했다.

빅짐이 모종의 계획을 세운 것이 그 시점이었다. 그의 계획은 납치
였다. 다만 살아 있는 사람을 납치하여 몸값을 요구하는 것이 아니라
시체를 빼내겠다는 것이었고, 바로 링컨의 시신이 그 목표였다. 그는
링컨의 시신을 볼모로 보이드의 석방과 20만 달러를 요구할 셈이었다.

정신 나간 소리처럼 들리겠지만 실제로 링컨의 시체를 빼내는 일은
생각만큼 어려운 일이 아니었다. 무엇보다도 링컨의 무덤을 지키는 야
간 경비원이 없었기 때문이다. 도둑이 링컨의 시신에 접근하려고 할
때 길목에 버티고 선 것은 나무 문에 매달린 맹꽁이자물쇠 하나뿐이었
다. 그러니까 빅짐에게는 이 극악한 계획을 실행에 옮길 사람들만 있
으면 됐다. 그는 세 사람을 골랐다. 테런스 멀른은 다리가 휘고 몸집은
작지만 다부진 사람으로, 상자에 애완 뱀을 넣어 데리고 다니며, 허리
에는 늘 권총을 차고 있다가 사람을 쏘는 일에 거리낌이 없는 사람이었

테런스 멀른

존 휴스

루이스 스위글스

다. 두 번째는 존 휴스로, 옷을 아주 잘 입었고, 빳빳하고 철사 같은 턱수염을 길렀으며, 위조지폐범으로 오랫동안 유명세를 떨치고 있는 사람이었다. 세 번째는 어쩌면 최적이라고는 할 수 없을 사람이었다. 루이스 스위글스가 그 사람인데, 아기 같은 얼굴을 한 스무 살의 루이스는 법망을 피해 다니며 살아온 믿기 어려운 인생 스토리들을 잔뜩 가지고 있었다. 덕분에 휴스와 멀른은 그가 '시카고의 거물급 시체 도굴꾼'이라고 믿어 의심치 않았다. 그러나 사실 그는 비밀수사국과 거래하는 거물급 앞잡이 또는 정보원이었다. 원래 그는 위조지폐 관련해서 휴스와 멀른의 정보를 모아보려고 접근한 것이었는데, 우연하게도 훨씬 어마어마한 음모와 맞닥뜨리게 된 것이었다.

스위글스는 시체 도굴 음모를 비밀수사국에 일러주었고, 비밀수사국은 시신을 훔치는 현장을 덮쳐 증거를 확보하고 도둑들을 잡기로 했다. 그리하여 1876년 11월 7일, 비밀수사국 요원들은 준비를 마치고 묘소의 앞쪽 전실(前室, 현관의 역할을 하는 공간–역주)에 숨었다.

그 사이, 멀른과 휴스는 묘소 입구의 맹꽁이자물쇠를 톱으로 자르고 들어가 대리석관의 끝을 갈라 연 뒤, 납으로 잇댄 삼나무 관을 세게 잡아당겼다. 그런데 안타깝게도 그들은 링컨의 관이 그렇게나 터무니없이 무거울 줄은 미처 예상하지 못했다(약 227킬로그램가량). 멀른은 스위글스에게 밖으로 나가서 한패거리에게서 마차를 좀 얻어오라고 시켰으며, 스위글스는 마차를 가져오는 대신 요원들에게 멀른과 휴스를 체포하라는 신호를 보냈다. 그로부터 몇 초 후 갑작스러운 총성이 울렸다. 비밀수사국 요원 중 한 명의 총이 실수로 발사된 것이었다. 낌새를 눈치챈 멀른과 휴스는 숲으로 뛰어 달아나 간신히 체포를 모면했다.

도둑들이 탈주해 버렸기 때문에 링컨 묘소의 관리자인 존 캐럴 파워는 그들이 또다시 링컨의 시신을 훔치러 올지 모른다는 불안감에 휩싸였다. 그는 믿을 만한 사람 몇 명과 함께 문제의 무거운 관을 대리석 관에서 꺼내 아무도 찾을 수 없는 곳, 즉 묘소의 지저분한 지하실에 구덩이를 파서 그 속에 옮겨 놓기로 했다. 그런데 운 나쁘게도 그가 삽을 내리꽂은 곳은 물이 있는 곳이었다. 링컨의 관을 물구덩이에 처박을 수는 없는 노릇이라서, 그가 하는 수 없이 택한 방법은 곰팡내나는 판자 따위들을 관 위에 쌓아 올려서 쓰레기 더미처럼 보이게 하는 것이었다.

멀른과 휴스는 몇 달 후 결국 체포되어 각각 징역 1년 형을 선고 받았다. 형기가 짧은 이유는 비밀수사국이 범행 현장에서 체포를 하지 못한 데다, 당시만 해도 미국에서 시체 도굴이 범죄가 아니었기 때문이다.(37쪽의 시체 도굴에 관한 내용을 참조하시기 바란다.)

2년 후, 파워는 미국인이 사랑해 마지 않는 대통령을 눅눅하고 어두운 지하에 눕혀두고 잡동사니로 덮어 놓았다는 사실이 마음에 걸려서 몇몇 동지들과 함께 다시 구덩이 파기를 시도했다. 그들은 이번에는 물이 그다지 높이 차오르지 않는 곳을 택해 관을 옮기는 데 성공했다. 그로부터 얼마 후 링컨은 또다시 다른 묘로 옮겨졌다. (여전히 지하이기는 했지만 덜 깊은 곳으로.) 그 후 이들은 아예 '링컨 의장대'라는 비밀결사를 조직하고, 링컨이 묻힌 곳을 절대로 발설하지 않기로 맹세했다. 1887년, 아마도 여전히 가책을 느끼고 있었을 그들은 링컨의 시신을 지하에서 끌어내 묘실 바닥 아래에 있는 눈에 띄지 않는 장소로 또다

시 옮겼다. (지금쯤이면 도대체 몇 번을 옮긴 거냐고 의문을 가지실 법하다. 일부 역사가들은 링컨의 시신이 열일곱 번 옮겨졌다고 하는데, 그 이동 중 많은 수는 같은 날에 잠깐 잠깐씩 옮긴 것이기는 하다.)

몇 해가 흐르자 링컨이 그 화려한 대리석관 안에 없더라는 소문이 퍼지기 시작했다. 1901년, 여전히 마음이 편치 않았을 것이 뻔한 '링컨 의장대'는 대통령을 모실 더 안전한 곳을 물색하기로 결정했다. 링컨의 시신은 다시 한번 옮겨지게 되는데, 물론 그 전에 시신이 관 속에 있는지 들여다볼 필요가 있었다. 그들은 안을 확인하기에 충분할 만큼 관을 잘라냈다. 링컨은 여전히 그 안에 있었다. 다만 그는 "다소 쭈그러들었고", 약간 갈색으로 변해 있었으며, 머리카락이 "말갈기처럼" 위로 뻗쳐 있었다. 그러나 그것 외에는 36년 된 시신치고는 크게 황폐하지는 않았다. 링컨은 묘소 바닥에서 3미터 아래쪽으로 옮겨졌으며, 철 구조물로 관을 에워싸고 단단한 콘크리트로 밀봉했다. 그리하여 현재까지 링컨의 시신이 보존된 장소가 바로 이곳이다. 부디 더 이상 옮기는 일이 없기를 바랄 뿐이다.

지금은 어디에 있을까?

일리노이주 스프링필드 오크리지 묘지에 있는 35미터 높이의 화강암 오벨리스크 아래에 링컨과 그의 아내, 그리고 그의 막내아들까지 세 사람의 시신이 안치되어 있다. 링컨 묘(Lincoln Tomb)라고 불리는 이 웅장한 구조물은 미국 전체에서 사람들이 두 번째로 많이 방문하는 묘지이다. 링컨 묘의 한쪽에는 대단히 큰 링컨의 청동 두상이 있는데, 이 두상에서 가장 인상적인 것은 자외선차단 크림을 바른 것처럼 보이는 링컨의 코이다. 코가 유독 황금색을 띠고 있기 때문인데, 오랜 시간 동안 사람들이 그의 코를 문지르면서 행운을 빌어서 그렇게 됐다고 한다.

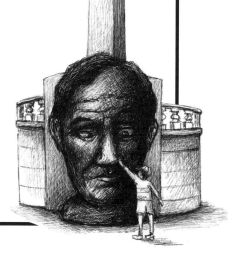

시체 보존법 골라보기

사람들은 시체가 녹색으로 변해가면서 냄새를 풍기는 것을 막아 보려고 온갖 방법을 다 써 왔다. 그중 가장 성공적인 방법 몇 가지를 소개한다.

달콤한 죽음

알렉산더대왕은 자신이 죽으면 시신을 꿀통에 넣으라는 구체적인 지시를 남겼다. 그 덕분인지 알렉산더의 시신은 상당히 잘 보존되었다. 그의 시신은 수십 년 동안 유리관에 전시되어 있었는데, 보는 사람들마다 살아 있는 것 같다고 했으니 말이다. 꿀은 시신을 보존하기에 아주 좋은 재료이다. 당의 함량이 높아서 수분을 뽑아내기 때문에 시신을 단맛 나는 소고기 육포처럼 만들어 준다.

헤쳐 모여

고대 이집트인들은 미라를 기가 막히게 잘 만든 것으로 정평이 나 있지만, 칠레 북부와 페루 남부의 친초로(Chinchorro) 족은 이집트인들보다 2천 년 앞서 미라 기술을 보유한 사람들이었다. 이들은 시신을 분리한 다음 다시 합치는 식으로, 마치 직소퍼즐처럼 다루었다. 그 방법은 이랬다. 일단 피부를 모두 벗겨내 열을 가하여 무두질하고, 뼈는 발라내어 흰 재 속에 보관해둔다. 그런 다음 모든 조각들을 고스란히 다 모아서 사이사이 나무막대기로 보강을 해가며 뼈를 재조립했다. 마지막으로 진흙과 검정 망간을 이용해 피부를 다시 입혔다.

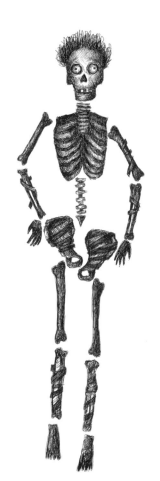

술독에 빠진 제독

영국의 제독 호레이쇼 넬슨 경(Lord Horatio Nelson)은 1805년에 바다에서 전사한 후 육지로 옮겨지기 전까지 브랜디를 담아 둔 통에 시신이 보존되었다. 희한한 것은 바닷가에 이르렀을 때 브랜디의 양이 줄어들어 있었다는 것이다. 군인들 중 몇몇이 귀향길에 넬슨이 잠겨 있는 브랜디를 들이켰다는 소문이 돌았다. 그러나 시신이 브랜디를 흡수하여 양이 줄어든 것처럼 보이지 않았나 하는 것이 훨씬 신빙성 있는 추리일 것이다.

제때에 얼리지 못하면 텐트로 보내

1865년, 링컨의 시신이 부패하지 않도록 보존하는 과정, 즉 방부 처리
가 이루어졌다. 의사들이 그의 오른쪽 상부 넓적다리에서 대퇴동맥을
절개하여 그곳으로 염화아연을 주입한 것이다. 염화아연 효과로 링컨
의 피부는 으스스한 홍조를 띠었으며 이목구비는 대리석 조각처럼 단
단히 고정되었다.

1840년 이전까지는 전장에서 군인들이 죽으면 나무나 철로 만든 관
에 누이고 얼음을 가득 채워서 마차로 옮기곤 했다. 악취가 풍기는 여
행이었다(더운 날씨에는 더욱 그랬다). 이런 광경이 달라진 것은 남북전쟁
후부터였다. 군인들 네 명 중 한 명은 살아서
귀환하지를 못했기 때문에 집으로 실어 보내
야 하는 시신이 너무 많았던 것이다(정확하게
말하면 62만 명 정도였다). 이것을 사업 기회로 여
긴 방부 업자들은 이 전장, 저 전장으로 따라다니
며 텐트에서 서비스를 제공했다. 덕분에 가족들은
요금을 치른 후 고인의 시신을 방부 처리 텐트에서
말끔하게 단장할 수 있었다.

Chang and Eng Bunker

May 11, 1811–January 17, 1874

THE WONDERFUL & WORLD-RENOWNED

SIAMESE TWINS

너에게 꼭 붙어 있을 거야

창 & 엥 벙커

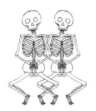

이것은 모든 것을 함께했던 형제의 이야기이다. 두 사람은 함께 자고, 함께 먹고, 함께 놀고, 화장실도 함께 갔다. 창과 엥 벙커는 결코 끊어질 수 없는 형제의 연으로 묶여 있었다. 비유나 농담으로 하는 말이 아니라 아무도 그 둘을 분리시킬 수 없었다. 창과 엥은 서로 붙어 있었기 때문이다.

1811년, 형제는 시암(현대의 타이)의 방콕 근처에서 강 위를 떠다니는 초가집의 대나무 자리에서 태어났다. 이 형제의 배 부분은 2인치 두께로 살이 연결되어 있어서, 마치 두 명의 무용수가 영원히 끝나지 않을 왈츠를 추는 것처럼 팔 넷, 다리 넷을 함께 이용해 움직일 수밖에 없었다. 그들은 함께 달리고, 함께 헤엄치고, 심지어 배를 젓는 일도 동시에 했다.

그들이 어릴 때 의사들은 둘을 어떻게 하면 떼어낼 수 있을지 나름의 방안들을 제시하곤 했다. 빨갛게 달군 철사를 쓰자는 의견도 있었고, 흰개미를 이용해 살이 연결된 부분을 먹어버리게 하자는 의견도 있었다. 의사 한 명은 바깥에서 빨래를 널어 말릴 때처럼 동물의 창자에서 뽑아낸 섬유로 만든 질긴 줄에 연결 부위를 걸쳐 아이들을 매달

아 놓자는 제안을 하기도 했다. 아마 그렇게 하면 살이 늘어나서 끊어지기는 했을 것이다. 목숨도 함께 끊어졌을지 모르지만. 그런데 다행히 창과 엥의 어머니는 의사들이 하는 말을 귀담아듣지 않는 선견지명의 소유자였다.

창과 엥이 열세 살 되던 해에 미국인 무역업자 에이블 코핀이 이들 앞에 나타났다. 코핀은 창과 엥이 돈을 벌어들일 수 있겠다는 것을 단박에 알아보았다. 유튜브와 리얼리티 TV쇼가 나타나기 전까지 미국인들이 빠져 살았던 것은 이른바 '기형 쇼(freak shows)'였다. (오늘날 누군가를 기형이라고 부르는 것은 바람직하지 않으며, 여러 주에서 장애를 드러내는 쇼를 금지하고 있다.) 난쟁이, 거인, 수염 난 여자들, 기형으로 인해 신체의 모양이 달라진 사람들이 대중 앞에 전시되면 돈을 내고 관람하는 것이었다. 그중에서도 결합 쌍생아는 지극히 희귀한 편에 속했다. 오늘날에도 10만 명 중 한 명꼴로만 결합쌍생아가 태어나며, 생존율 역시 25퍼센트에 불과하다. 코핀은 창과 엥이 사람들을 끌어모을 것이라는 확신을 가지고 3천 달러를 내고 그 어머니에게서 아이들을 샀다. 3천 달러면 그녀가 평생 고생 않고 살 금액이었다. 아이들은 보스턴행 배에 실려 미국 전역을 순회하는 전시 여정의 첫 발걸음을 내디뎠다.

지금은 그들을 결합쌍생아라고 부르지만, 당시에 쇼를 안내하는 포스터에는 '샴(시암) 더블보이즈'라고 적혀 있었다. 출생지를 따라 붙인 별명인 셈이었다.(샴쌍둥이라는 말이 창과 엥으로부터 비롯된 것이다.) 의과대학 교수진들은 이 쌍생아를 보고 놀라 온갖 실험을 해보자고 했다. 이들의 몸이 어떤 식으로 작동하는지를 알아보기 위해서였다. 그때 실시된 실험 중 한 가지는 창에게만 아스파라거스를 먹이고 엥에게는 아무것도 주지 않은 채 네 시간 뒤에 두 사람 모두의 소변을 채취하는 것이었다. 창의 소변에서는 코털을 말아 올릴 정도로 대단히 자극적인 냄새가 난 반면 엥의 소변에서는 그렇지 않았다. 이 결과는 창과 엥이 요로를 함께 쓰지 않는다는 의미로 이해되었다. 그렇게 되자 많은 의학 교수들은 두 사람을 분리해내는 것도 가능하지 않을까 하는 생각을 해보게 되었는데, 결론적으로는 가능하다 해도 너무나 위험한 시도라는 것으로 의견이 모였다. 실제로 두 사람은 십중팔구 수술에서 살아남지 못할 것이었다. 항생제가 발견되기 전이었으므로 아무리 작은 부분을 절개해도 감염되면 죽을 수 있었기 때문이다.

창과 엥은 스물한 살의 성년이 되자 사람들 앞에서 괴물 취급당하는 것에 질려 평범한 인생을 살고 싶어 했다. 두 사람은 순회공연을 그만두고 벙커라는 성을 취득했다. 그동안 모아 둔 돈이 넉넉했기 때문에 노스캐롤라이나 마운트에어리의 언덕 위에 볕이 잘 들도록 커다란 유리창을 낸 목조주택을 지었다. 또 자매인 사라 앤과 애들레이드 에이츠를 만나 진정한 사랑을 찾기도 했다. 원래는 창과 엥 둘 다 애들레이드를 좋아했지만 그녀의 마음은 창에게로 향했다. 창은 그녀에게 청혼했으며, 사라 앤은 시간이 좀 지나서 엥과의 결혼에 응했다. 얼핏 생각하기에 어차피 쌍둥이인데 굳이 어느 한쪽이어야 하는가 싶겠지만, 이 형제는 완전히 다른 개성을 지니고 있었다. 엥은 말하자면 다정한 편으로 편안하고 지적인 느낌이었으며, 창은 언동에 불량한 구석이 있고 재치는 있지만 쉽사리 화를 내고 취해 있을 때가 종종 있었다.

서로 다르기는 했지만 쌍둥이들은 총 스물한 명의 아이를 낳으며 함께 잘 지냈다. 한 집에 사흘씩 머무는 식으로 두 채의 집을 오가면서 살았으며, 담배를 팔고 농장을 운영하는 사업도 잘 되었다. 비록 몸을 나눠 가지기는 했지만 두 사람은 꽤 평범한 인생을 산 셈이었다.

그러다가 남북전쟁이 터졌고, 대다수 남부 사람들과 마찬가지로 그들도 재정적으로 붕괴상태가 되었다. 가족을 부양할 다른 방도가 없었기 때문에 창과 엥은 순회공연의 신기한 볼거리로 돌아갈 수밖에 없었다. 그들은 당대 가장 위대한 쇼맨이었던 바넘(P. T. Barnum)과 팀을 이루었다.

그러나 창의 음주가 본격적으로 몸을 해치기 시작했다. 어느 날 그는 집으로 돌아가는 길에 심장마비를 일으켰고, 그때부터 엥은 창의 몸을 가죽 줄로 묶어 떠받쳐가며 꼭두각시를 매달고 있는 것 같은 상태로 지내야 했다. 창의 건강은 날이 갈수록 나빠졌다. 결국 창이 심각한 기관지염까지 앓게 된 이튿날, 엥은 아침에 깨어 창의 피부가 소름 끼치게 차갑다는 것을 알게 되었다. 창은 수면 중에 세상을 떠난 것이었다. 곧이어 엥은 자신의 생명이 위급해졌다는 사실을 깨닫고 의사를 불러오게 했다. 그러나 당시는 말과 마차의 시대였다. 바로 달려와 줄 구급차 같은 것이 있을 리 없었다. 가까스로 의사가 도착할 때쯤 엥 역시 숨을 거두었다. 두 사람의 나이는 예순두 살이었다.

살아 있는 창과 엥이 자신들만의 가치를 지니고 있었다고 하면, 죽은 그들도 분명히 제값을 할 것 같았다. 즉시 그들의 시신을 사겠다는 제안이 들어오기 시작했다. 그중에는 만 달러를 제시한 사람도 있었는데, 당시로는 꽤 많은 금액이었다. 사라 앤과 애들레이드는 일단 거절은 했지만 시체 도굴꾼들이 숨어들지 말란 법은 없었기 때문에 그게 걱정이었다. 두 사람은 쌍둥이 형제를 누구도 데려가지 못하게 지하실 바닥에 매장했다.

쌍둥이가 사망했다는 소식을 들은 필라델피아의 의사 윌리엄 팬코스트는 자매를 설득해 시신의 부검에 응하도록 했다. 부검 결과 흥미로운 사실이 발견되었는데, 두 사람은 간까지 결합되어 있었던 것이다. 아시다시피 결합된 간을 날마다 볼 수 있는 것은 아니기 때문에, 지극히 당연한 결과로써 팬코스트 박사는 간을 시신에 되돌려놓지 않았다. 그는 간뿐만 아니라 몇 가지 장기까지 빼돌리고 나서 쌍둥이의 시신을 꿰맨 후, 정말 소름 끼치는 석고 모형까지 뜨고서야 두 아내에게 돌려보냈다. 자매는 몸에서 장기가 사라진 줄 꿈에도 모른 채 남편들을 다시 지하실에 매장했다.

오늘날 벙커 가문은 천오백 명이 넘는 후손들로 이루어져 있다. 해마다 이들 중 이백 명가량이 모여서 떠들썩한 친목회를 여는데, '우리 가족은 한데 뭉친다'는 문구가 적힌 티셔츠를 맞춰 입는다. 무엇보다도 창과 엥이 한데 뭉친 것은 부정할 수 없는 사실이니까 말이다. 이제부터는 형제나 자매에게 심하게 굴고 싶을 때마다 이 말을 명심하기 바란다.

지금은 어디에 있을까?

나중에 이들은 노스캐롤라이나에 있는 화이트플레인즈 침례교회의 묘지로 이장되었다. 창과 엥의 간은 시신을 본뜬 석고 모형과 함께 필라델피아의 뮤터 박물관에 전시되어 있다.

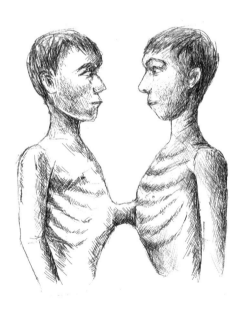

공유의 기쁨

신체의 일부를 공유하고 싶다고 해서 꼭 결합쌍생아가 되어야 하는 것은 아니다. 조직 및 장기 이식이라는 것이 있기 때문이다. 이식에 가장 흔히 사용되는 신체 부분들을 소개하겠다.

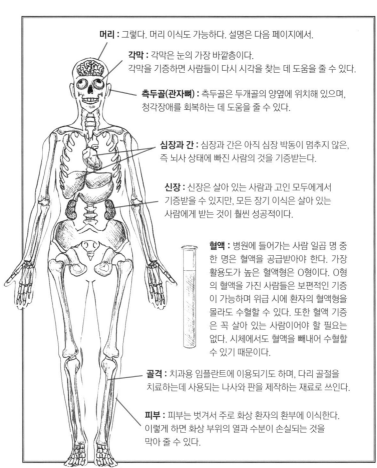

머리 : 그렇다. 머리 이식도 가능하다. 설명은 다음 페이지에서.

각막 : 각막은 눈의 가장 바깥층이다. 각막을 기증하면 사람들이 다시 시각을 찾는 데 도움을 줄 수 있다.

측두골(관자뼈) : 측두골은 두개골의 양옆에 위치해 있으며, 청각장애를 회복하는 데 도움을 줄 수 있다.

심장과 간 : 심장과 간은 아직 심장 박동이 멈추지 않은, 즉 뇌사 상태에 빠진 사람의 것을 기증받는다.

신장 : 신장은 살아 있는 사람과 고인 모두에게서 기증받을 수 있지만, 모든 장기 이식은 살아 있는 사람에게 받는 것이 훨씬 성공적이다.

혈액 : 병원에 들어가는 사람 일곱 명 중 한 명은 혈액을 공급받아야 한다. 가장 활용도가 높은 혈액형은 O형이다. O형의 혈액을 가진 사람들은 보편적인 기증이 가능하며 위급 시에 환자의 혈액형을 몰라도 수혈할 수 있다. 또한 혈액 기증은 꼭 살아 있는 사람이어야 할 필요는 없다. 시체에서도 혈액을 빼내어 수혈할 수 있기 때문이다.

골격 : 치과용 임플란트에 이용되기도 하며, 다리 골절을 치료하는데 사용되는 나사와 판을 제작하는 재료로 쓰인다.

피부 : 피부는 벗겨서 주로 화상 환자의 환부에 이식한다. 이렇게 하면 화상 부위의 열과 수분이 손실되는 것을 막아 줄 수 있다.

하나보다는 둘이 낫다

장기 이식이라고 할 때 머리 이식을 떠올리는 일은 많지 않을 것이다. 그러나 사실 머리 이식의 역사는 생각보다 길다. 1908년 5월 21일, 찰스 거스리(Charles Guthrie)가 개 한 마리의 머리를 떼어 다른 개의 목에 덧붙이는 수술을 감행한 것이 그 시작이다. 두 마리 모두 수술 후 생존하지는 못했지만, 덧붙인 개의 머리에까지 혈액이 돌게 하는 것에는 성공했다. 마치 공포영화에나 나올 법한 장면 같겠지만 과학이 이것을 현실로 만드는 데는 그리 오랜 시간이 걸리지 않았다. 1970년에 로버트 화이트(Robert White)가 원숭이의 머리를 다른 원숭이의 머리 위에 이식하는 데 성공한 것이다. 화이트는 머리 이식이 장기 이식에 획기적인 발전을 가져다줄 것이라고 주장했는데, 다른 과학자들은 이 실험을 그저 '기괴하다' 또는 '무가치하다'고 일축했다.

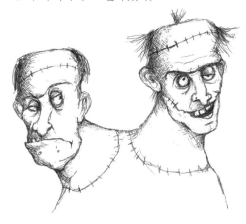

PHINEAS GAGE

1823–May 21, 1860

홀인원

피니어스 게이지

누군가의 두개골 안에서 펄떡펄떡 뛰고 있는 뇌를 10센트를 내고 구경할 수 있다면? 실제로 19세기에는 많은 사람들이 이것을 관람했다. P. T. 바넘의 미국박물관(American Museum)에 붙여진 포스터에서 '머리 꼭대기에 구멍이 난 채로 살아 있는 유일한 사람'으로 소개된 인물을 보고 호기심이 동하지 않기란 어려운 일이었을 것이다. 포스터에는 튼실하게 생긴 남자가 기다란 금속 장대에 오른쪽 머리를 꿰뚫린 모습이 그려져 있었다. 남자의 이름은 피니어스 게이지였다. 서커스의 포스터가 대개 그렇듯이 이 그림의 세세한 부분이 다 사실은 아니었다. 그러나 피니어스 게이지의 두개골 꼭대기에 구멍이 있는 것만은 틀림없는 사실이었으며, 그 정도면 사망했어야 마땅했다.

1848년 9월 13일 4시 30분, 버몬트주 캐번디시를 지나는 철로를 건설하기 위해 치워내고 있던 화강암 암반 주위로 먼지가 소용돌이쳤다. 공사 현장 감독인 피니어스 게이지는 오후의 태양 때문에 눈을 가늘게 뜨고서 야구선수가 자신의 배팅 순서를 기다릴 때처럼 약 1미터의 긴 철제 탬핑 폴(tamping pole, 다짐대)을 땅에 끌리도록 흔들거리고 있었다. 쇠로 된 다짐대는 가장 두꺼운 부분이 약 3.2센티미터였고 모래를 단단히 다질 수 있게 끝이 뭉툭하게 되어 있었다. 화강암에 구멍을 파고 폭발물을 채운 뒤 모래로 덮는 게 철도 노동자의 일이었다. 특히 모래를 덮는 것이 가장 중요한 부분이었다. 모래를 잘 덮지 않으면 자칫 성급하게 폭발물이 터질 수 있기 때문이었다. 그런데 공교롭게도 그날 누군가 모래의 양을 아낀 모양이었다.

게이지는 다짐대를 구멍에 넣고 눌러가며 다지기를 했다. 천 번도 넘게 해온 일이었기 때문에 평소와 다를 것이 하나도 없었다. 그런데 갑자기 불꽃이 튀었다. 쾅! 다짐대가 그의 손에서 날아가 그의 뺨을 뚫고 두개골 꼭대기로 빠져나가더니 대략 8미터 떨어진 곳에 가 박혔다. 끝부분에는 그의 뇌 조각이 달라붙은 채였다.

게이지는 하늘을 향해 누워 있었으며, 얼굴이 공포영화에 나오는 것처럼 피로 뒤범벅되어 있었다. 동료들은 모두 그가 이미 저세상으로 갔다고 생각했다. 그러나 다음 순간 게이지는 일어나 앉아 말을 하기 시작했다. 동료들은 그를 부축하여 소달구지에 실어서 집으로 데려다주고 의사를 불러 주었다. 한 시간 후쯤 존 마틴 할로(John Martyn Harlow) 박사가 도착했다. 게이지는 입과 뺨, 두개골에서 피를 흘리고 있었지만 흡사 아무 일도 일어나지 않은 것처럼 행동했다. 그뿐만 아니라 그는 다음 날 일터로 돌아갈 작정으로 함께 와준 사람들도 다 돌려보냈다.

할로 박사는 상처가 어떻게 된 것인지 확신이 들지 않았다. 그는 집게손가락을 게이지의 두개골에 난 구멍에 찔러 넣고 다른 손 집게손가락을 뺨에 난 상처에 찔러 넣어 보았다. 두 집게손가락이 서로 맞닿았다. (십중팔구 이 의사는 게이지의 상처를 살펴보기 전에 손을 씻지 않았을 것이다. 당시 의사들은 상처에 소독하지 않은 손가락을 집어넣으면 세균 감염을 일으킬 수 있다는 사실을 전혀 이해하지 못했다.) 이쯤 되니, 누가 뭐라 해도 다짐대가 게이지의 두개골에 완벽한 구멍을 뚫어놓은 것을 부정할 수 없었다. 할로 박사는 어떻게 해야 할지 몰랐다. 그런 상처를 입고 살아남을 수 있는 사람은 없었기 때문이다. 그는 자기가 할 수 있는 한도 내에서 최선을 다해 그를 치료했다. 두개골에 붙은 뼛조각들을 제거하고 늘어진

피부는 제자리로 당겨 반창고로 눌러 붙였으며, 게이지의 취침용 모자
를 깨진 두개골에 씌워 주었다. 그런 다음 팔의 정맥을 자르고 사발을
받쳐서 피를 빼내는 사혈 치료도 했다. (야만적으로 들릴 수 있겠지만, 사혈
이 실제로 게이지를 호전시키는데 도움이 되었을 수 있다. 뇌가 다치면 부풀어 오르
기 때문에 공간이 더 필요하게 되는데, 팽창할 공간이 없으면 몸의 다른 부분으로 산
소의 공급이 차단될 수 있다. 따라서 피를 빼내어 혈압이 떨어지고, 그 덕분에 게이
지의 뇌압도 다소 낮아졌을 가능성이 있다는 것이다.) 마지막으로 그는 구토를
유도하는 최토용 약초를 처방했다. 이 최토제 덕분에 게이지는 '찻잔
가득 담길 정도의 뇌'를 뿜어냈다.

14일 후, 게이지의 두개골에서 곰팡이가 생기더니 고열이 시작되었
다. 그의 가족은 마침내 때가 왔다고 판단하여 관을 짜기 위한 치수를
재고 작별 인사를 고했다. 하지만 놀랍게도 게이지는 차도를 보였다.

문제는 몸은 나아졌지만, 머리에 구멍이 난 후 성격은 반대가 되었다는 것이다. 사고가 있기 전에 게이지는 온순하고 인기 있고 편안한 사람이었는데, 사고 후에는 그야말로 멍청이가 되어 버린 것이다. 친구들은 그가 성마르고, 상소리를 해대며, 너무 많이 변해서 "더 이상 게이지가 아니게 되었다"고들 했다. 게다가 인지 능력에도 문제가 생겼다. 할로 박사는 게이지에게 강둑에서 주워다 놓은 자갈 몇 개를 주면 천 달러를 주겠다고 하면서 그의 논리력을 시험했다. 게이지는 거절했다. 자갈을 정말로 심각하게 좋아한 것이든가, 아니면 약간 돈 것이든가 둘 중 하나임이 분명했다.

성격이 바뀌자 철도 측에서는 그가 일자리로 귀환하는 것을 거절했다. 게이지는 뉴욕시로 가서 바넘의 미국박물관에서 새 직장을 구했다. 구멍 난 머리를 한 채 다짐대를 들고서 수염 난 숙녀분들, 샴쌍둥이 등과 나란히 서는 일을 하게 된 것이다. (다만, 포스터에 그려진 것처럼 머리에 다짐대를 꽂아 넣지는 않았다.) 이후로도 게이지는 직장을 옮길 때마다 다짐대를 들고 다녔다. 10개월 동안 뉴햄프셔에서 말을 맡아 관리해주는 일을 할 때도 가져갔으며, 칠레로 가서 역마차 마부로 일할 때도 가져갔다.

머리에 상해를 입은 상태였기 때문에 게이지의 건강은 갈수록 나빠졌으며, 결국 샌프란시스코로 돌아가 가족의 보살핌을 받지 않을 수 없었다. 샌프란시스코에서 지내는 동안은 발작이 이어졌다. 발작이란 뇌 내부에서 일어나는 비정상적인 전기 활동을 가리킨다. 사람의 뇌에는 뉴런이라고 하는 천억 개의 신경 세포가 있는데, 이것들이 컴퓨터의 선처럼 뇌 속에서 신호를 전달한다. 그런데 뉴런이 동시에 너무 많이 혹은 너무 적게 자극 반응을 일으키면 발작이 일어날 수 있다. 게이

지는 손상된 뉴런 때문에 발작이 일어나는 경우였다. 1860년, 게이지는 긴 발작을 일으킨 후에 사망했다. 사고로 머리에 커다란 구멍이 난 뒤로도 11년 반을 더 산 셈이었다.

오늘날 게이지는 과학자들에게 뇌 손상이 성격을 어떻게 변화시키는가를 이해하는 데 가장 인기 있는 사례 연구로 꼽힌다. 게이지의 경우 손상된 뇌 부위는 왼쪽 전두엽이었다. 앞서 소개했던 골상학자들을 기억하시는지? 19세기의 의사들은 게이지의 성격이 바뀐 원인을 그의 '박애(친절) 기관'의 융기 부위가 손상을 입은 탓이라고 여겼다. 지금은 과학자들이 사람의 두개골에 솟은 융기를 측정하는 것이 별 의미가 없으며, 다만 뇌의 각 부분이 서로 다른 사고 과정을 제어한다는 것을 모두 알고 있다. 게이지는 왼쪽 전두엽의 손상으로 인해 정서적 추론과 의사 결정 능력이 저하된 경우였다.

할로 박사는 게이지가 죽은 뒤에도 계속해서 그의 뇌에 대해 궁금해했다. 1867년에 그는 게이지의 어머니에게 편지를 써서 아들의 시체를 파내어 두개골을 보내주면 안 되겠느냐고 물었다. 그녀는 기꺼이 응했으며, 아들의 두개골뿐만 아니라 관에 함께 묻었던 다짐대까지 싸서 보내주었다. 현재의 우리들은 게이지의 어머니가 보여준 관대함에 감사하지 않을 수가 없다. 덕분에 과학자들이 죽음을 다룰 수 있는 대단히 멋진 방법 하나를 연구할 수 있게 되었으니 말이다.

Where are they now? 지금은 어디에 있을까?

게이지의 두개골과 쇠 다짐대는 매사추세츠 하버드 의과대학에 있는 워렌 해부학박물관에 가면 볼 수 있다. 공개 전시는 하지 않으므로 정중히 요청해야 볼 수 있다. 실제로 보면 꼭대기에 고르지 않은 삼각 형태의 구멍이 나 있을 뿐 보통의 두개골과 다를 바 없어 보인다.

무덤까지 함께

피니어스 게이지의 쇠 다짐대를 시신과 함께 묻는다는 것이 이상해 보일지 모르지만, 예부터 사람들은 고인의 무덤에 온갖 희한한 것들을 함께 매장하곤 했다.

부엌 싱크대 빼고 전부

고대 이집트인들은 사후세계로 떠나는 길에 딸려 보낼 짐을 결코 가볍게 꾸리지 않았다. 그들은 죽은 이의 옆에 화장품과 옷, 여러 도구와 음식, 보석 그리고 가구까지 함께 묻었다. 그러나 그중 최고로 놀라운 건 애완동물일 것이다. 많은 이집트의 무덤에는 미라로 만든 원숭이, 코끼리, 사자, 당나귀, 개 등과 함께 이집트인들이 가장 신성시하던 고양이들도 당연히 함께 묻혀 있다.

네 시를 먹어라

1862년, 시인이자 화가인 단테 가브리엘 로세티(Dante Gabriel Rossetti)는 아름다운 아내 엘리자베스 시달을 매장했다. 그는 극도로 상심했으

며, 자신이 쓴 시들을 엘리자베스의 붉은 머리카락 사이사이에 감아 함께 묻었다. 이것은 당시에는 좋은 아이디어 같아 보였다. 그가 시를 따로 베껴 놓지 않았다는 점만 제외하면 말이다. 결국 몇 년 후에 로세티의 대리인인 찰스 어거스터스 하월이 나서서 저 가련한 엘리자베스의의 무덤을 파헤쳐 의뢰인의 시를 끄집어내야만 했다.

가고 싶을 때는 언제든지

사후 세계로 떠나는 여정에서 가장 중요한 질문은 이렇다. '화장실은 어디로 가야 하는가?' 만약 중국 한나라(BC 206~AD 220)의 황제로 죽어 땅에 묻힌다면 그런 걱정은 할 필요가 없다. 한나라 황가의 무덤에는 각종 도구들과 음식, 무기, 가구 같은 일상생활 용품 일체가 함께 매장되었으며, 심지어 돌로 만든 변기도 포함되어 있었다.

장미 향기

팝아티스트인 앤디 워홀(Andy Warhol, 1928~1987)은 허영이 좀 있었
다. 그는 코를 성형하고 머리카락을 은발로 염색하여 동안을 유지했으
며, 향수를 아주 좋아해서 한번은 이런 말을 한 적도 있었다.

"더 많은 공간을 차지하는 또 다른 방법은 향수와 함께 하는 것이다."

그런 그에게 어여쁜 향기가 필요할 것이라는 생각을 한 친지들은 에
스티로더의 '뷰티풀(Beautiful)' 향수 한 병을 그의 무덤에 함께 묻어 주
었다.

어둠의 왕자

배우 벨라 루고시(Bela Lugosi, 1882~1956)는 드라큘라를 연기하는 것
을 대단히 좋아했으며, 어느 인터뷰에서 기자에게 "드라큘라는 영원할
것"이라고 말하기도 했다. 그런 그가 희생자들의 피를 빨기 전에 항상
몸에 휘감았던 검은 망토와 함께 묻히는 것은 당연한 일. 다행스러운
것은, 이 할리우드의 어둠의 왕자가 영화 속에서처럼 무덤을 빠져나왔
다는 신문 기사가 아직까지 없다는 것이다.

JOHN WILKES BOOTH

May 10, 1838–April 26, 1865

목뼈를 지켜라

존 윌크스 부스

존 윌크스 부스에게는 연극적인 요소가 풍부했다. 사실 링컨을 암살하지만 않았어도 부스는 모든 여성의 연인이자 당대 최고의 연극배우 중 한 명으로 기억되었을 것이다. 어느 신문에서는 그를 가리켜 '미국 연극 무대에서 가장 잘생긴 남자'라고도 했다. 짙은 색 머리카락에 서글서글한 인상의 이 배우가 얼마나 진한 매력을 풍겼으면 한 주에 백 통이 넘는 연애편지가 밀려들었고 수입은 연간 2만 달러(오늘날 기준으로 백만장자)에 달했을까. 부스가 링컨을 살해한 것은 요즘으로 치면 할리우드의 특급 스타가 대통령을 저격한 것이나 마찬가지였다. 여기에 정부 차원의 은폐 공작까지 가미되면 진정한 할리우드 드라마 한 편이 완성되는 셈이다.

1865년 4월 14일, 링컨이 포드극장에서 연극을 관람하고 있을 때 부스가 대통령 석 안으로 걸어 들어가 뒤에서 대통령의 머리에 대고 데린저식 권총을 발사했다. 링컨은 앞으로 고꾸라졌고, 부스는 발코니에서 펄쩍 뛰어내리다가 다리가 부러졌다. 그러나 그는 무대를 가로질러 어두운 옆문으로 빠져나가면서 자신의 출현이 마치 극의 한 장면인 것처럼 연출했고, 관객들은 별다른 의심을 하지 않았다.

부스를 추적하는 수색 작업은 12일간 이어지다가 4월 26일 이른 아침에야 막바지에 이르렀다. 스물여섯 명의 북군 군인들이 부스와 공범인 데이빗 헤럴드가 숨어든 버지니아 포트로열의 오래된 담배 저장고를 에워쌌다. 이 장교들은 부스를 생포하라는 엄격한 명령을 받은 상태였다.

부스가 죽으면 죽었지 잡히지는 않겠다고 맹세를 한 상태였으므로 그를 생포하는 것은 쉽지 않을 것이었다. 그는 이미 다리를 못 쓰게 된 채 만신창이가 되어 있었으며, 국민들이 링컨의 저격에 대해 감사해하지 않는다는 것에도 낙담해 있었다. 배우에서 살인자가 된 그는 싸워 보지도 않고 포기하지는 않겠다는 생각뿐이었다. 장교들은 조건을 따져 보았다. 일단 해가 뜨면 자신들이 오히려 부스의 사격 연습용 목표가 되기 십상이었다. 그는 이미 링컨을 저격해 훌륭한 사수임을 증명해 보였기 때문이다. 그러니 어떻게 해서든 해가 뜨기 전에 그를 창고 밖으로 끌어내야 했다. 부스가 원했던 것이 영광의 불꽃이라면, 그걸 안겨주자는 것이 그들의 작전이었다. 연기를 피워 밖으로 유인해 내기로 한 것이다.

장교들은 솔가지를 모아 창고 옆에 가져다 놓고 불쏘시개에 불을 붙였다. 몇 초도 지나지 않아 풍화된 채 말라 있던 널빤지들이 시뻘겋게 타기 시작했다. 부스의 휘둥그레진 눈에 춤추듯 일렁이는 불꽃들이 문틈으로 내다보였다. 어느 순간 '탕' 하는 권총 소리가 울렸다. 부스는 앞으로 고꾸라졌다. 처음에는 누가 총을 쐈는지 아무도 몰랐다. 나중에서야 코벳 중사라는 사람이 나서서 자신이 부스를 쐈으며, 자신의 행동이 '신의 섭리'에 따른 것이었다고 주장했다. (정신 이상 또한 그를 이끈 장본인 중 하나이다. 코벳은 과거에 여자들의 유혹에서 벗어나기 위해서라고 하

면서 자신의 아랫도리에서 아주 중요한 부위를 잘라낸 적이 있는 사람이었다. 뭐,
효과가 있었다고는 한다.)

　군인들은 신속히 창고 안으로 들어가 빈사 상태의 남자를 밖으로 끌
어냈다. 그런 뒤 그를 화염에서 멀리 떨어진 매트리스에 뉘어놓고 상
처를 살펴보았다. 총알이 목을 뚫고 지나가 사지가 마비된 상태였다.
그는 눈을 뜨고 입술을 움직이려고 애썼다. 그런 채로 세 시간가량을
버틴 끝에, 막 해가 지평선 위로 떠오를 무렵 마지막 말을 내뱉었다.

　"헛되고, 헛되도다."

　군인들이 확보한 부스의 물품은 여자친구들의 사진 다섯 장(아마 이
보다 더 많은 여자친구들이 있었을 것이다), 나침반 하나, 일기장으로 이용했
던 다이어리, 자신의 이름이 박힌 넥타이핀 하나였다. 그들은 손에 새
겨진 JWB라는 머리글자 문신으로 그가 부스임을 확인했다.

　그러나 그날 밤, 군인들은 몇 가지 세부사항 때문에
좀 의아해했다. 첫째는 부스가 늘 차고 다니던 인장
반지와 시계를 차고 있지 않다는 점이었다. 게다가

군인들 중 두 명은 자신들이 창고에서 끌어낸 사람의 머리카락이 붉고 얼굴에 주근깨가 있었던 것으로 기억했는데, 정작 부스는 머리카락이 새까맣고 주근깨는 없었던 것이다. 또한 그날 부스는 남군 복장으로 붙잡혔는데, 그 며칠 전에 부스의 부러진 다리를 치료해준 머드 박사를 포함한 몇몇 사람의 증언에 따르면 그는 내내 검정 양복을 입고 있었다는 것이다.

게다가 다리 부상도 의심스러웠다. 머드 박사는 부스가 왼쪽 다리에 부상을 입었고, '발목 위 2인치 부근 정강이뼈가 곧게 골절되어 있었다'고 한 반면, 죽은 부스를 검시한 메이 박사는 부스의 '오른쪽 다리에 큰 타박상이 있었으며, 장골 중 하나가 골절되어 완전히 검게 변색되어 있었다'고 보고했다. 한 의사는 그의 부상이 왼쪽이라고 하고, 다른 의사는 오른쪽이라고 주장한 것이다. 그렇다면 혹시 북군이 죽인 사람이 부스가 아닐 가능성은 없을까? 아니면 그날 밤의 일이 너무 극적이라서 당시에 현장에 있던 사람들 기억이 혼란스러워진 것일까?

부스의 시신은 증기선에 실려 워싱턴의 공인 부검 기관으로 옮겨졌다. 부검을 하면서 의사들은 총알이 지나간 곳의 뼈를 따로 빼내어 갈색 종이에 조심스럽게 싸서 육군의료박물관의 보관 목록에 올렸다. 그러고 난 뒤 그의 시신은 워싱턴 DC의 군 교도소 바닥에 매장되었다가 1869년에 가족의 탄원으로 메릴랜드 볼티모어의 어느 무덤으로 이장되었다.

당시에 빼놓은 목뼈는 100년 후쯤, 1865년 4월 26일에 그 창고에서 실제로는 누가 죽었는지에 관한 미스터리를 풀 열쇠가 될 수 있을 것이었다. 2010년, 부스의 친척들과 역사가들은 부스의 형인 에드윈의 시신을 발굴하여 그의 DNA와 보관 중인 뼈의 DNA를 대조해 보자는 계획을 세웠다. DNA가 일치하면 존 윌크스 부스가 그날 창고에서 죽은 것으로 사건 종결이었다. 그러나 일치하지 않는다면, 역사책을 새로 써야 할 사람들이 좀 생기게 될 것이었다. 아무튼 DNA 샘플만 있으면 미스터리가 간단히 해결될 조짐이었다. 그런데 군 병리학 연구소에서는 그렇게 생각하지 않았다. 그들은 아주 작은 DNA 샘플만으로도 역사의 틈이 벌어질 수 있다는 우려를 표명했으며, 결국 DNA 샘플의 요청을 거절했다.

오늘날 많은 부스 연구자들은 부스의 손에 새겨져 있던 JWB가 존 윌크스 부스가 아니라 제임스 윌리엄 보이드(James William Boyd)의 머리글자라고 믿고 있다. 보이드는 에드윈 스탠튼 육군 장관이 고용한 남군 출신의 스파이였다. 그 무렵 스탠튼이 링컨 대통령을 납치하려는 음모를 꾸몄다는 소문이 돈 것도 사실이었다. 그가 '정직한 에이브(Honest Abe, 링컨의 별명-역주)'를 '고통스러운 우둔함을 앓고 있는 긴 다리 유인원'이라고 부르며 경원시했다는 것은 잘 알려진 사실이다. (링컨의 다리가 길었던 것은 사실이다. 링컨의 키는 193센티미터였다. 그러나 대부분의 역사가들이 그가 우둔하다는 부분에 대해서는 동의하지 않을 것이다.) 하지만 그가 정말 암살을 모의할 정도로 링컨을 미워했을까? 스탠튼은 부스가 왜 링컨을 암살하게 됐는지에 대해 단서가 될 유일한 문서, 즉 그의 일기를 가지고 있었다. 이 일기는 부스가 죽은 직후 사라졌다가 2년 후에 다시 나타났다. 그런데 공교롭게도 열여덟 쪽이 찢겨 나가고 없는 채였다. 그 일기가 스탠튼의 연루설에 대한 증거였던 것일까?

많은 의문들이 답을 찾지 못한 채 남겨졌다. 그러나 한 가지는 확실하다. 연극을 좋아했던 존 윌크스 부스가 그 모든 북새통을 즐겼으리라는 것이다. 그러므로 미국에서 가장 유명한 이 암살자가 어느 날 갑자기 무덤에서 목을 불쑥 내밀면서 어마어마한 드라마를 연출하지 말란 법도 없지 않을까?

지금은 어디에 있을까?

존 윌크스 부스의 목뼈는 메릴랜드 실버스프링에 있는 국립의료박물관에 보관되어 있다. 이 박물관의 소장품 중에는 링컨의 두개골 조각과 머리카락, 피 묻은 양복 소맷부리도 있다. 부스의 일기장에서 찢겨나간 부분은 발견되지 않았다.

뼈 이야기 하나 더

리처드 3세 (KING RICHARD III, 1452~1485)

리처드 3세의 시신이 말을 할 수 있다면 불평이 이만저만 아닐 것이다. 아마 "감히 셰익스피어 주제에 나를 곱사등이라고 부르다니!"라는 말로 시작할 수도 있을 것이다. "좋아, 신하들. 내 의복은 어디에 있는가? 그리고 인사를 … 아니 내 발은 어디 있지?"라고도 할 것이고, 마지막으로는 이런 불평도 할 것이다. "과연 이 주차장이 잉글랜드 왕의 뼈를

묻기에 적당한 곳인가?" 적어도 마지막 불평에 대해서만큼은 대부분의 역사가들이 한목소리로 "아니오"라고 대답하지 않을까 싶다.

1485년, 리처드 3세는 보스워스필드의 전투에서 튜더 가문의 수장 헨리 7세가 이끄는 군대에 맞서 싸우던 중 전사했다. 리처드 3세가 죽자 헨리 7세가 스스로 왕이 되었으며, 이후 그와 그를 계승한 튜더 왕가는 대대적인 비방 캠페인을 벌여 리처드의 명예를 훼손시키려고 노력했다. 한 세기가 지난 후, 튜더 왕가로부터 봉급을 받는 윌리엄 셰익스피어가 역사상 가장 큰 비방꾼으로 등장했다. 셰익스피어는 리처드에 관한 희곡을 쓰면서 그를 '천박한 기형 덩어리'로 묘사했을 뿐 아니라 권력에 굶주린 나머지 왕좌로 가는 길을 다지기 위해 자신의 동생을 와인 통에 빠뜨려 익사시키고(거짓이다), 아내를 독살했으며(거짓이다), 조카 둘을 살해한(모르긴 해도 진실을 밝히는 것은 불가능할 것이다) 사람으로 그려냈다. (리처드 3세의 조카인 에드워드와 리처드 역시 시신이 사라진 또 다른 경우이다. 역사가들은 이들이 런던탑이나 윈저성에 있는 세인트조지 예배당에 묻혀 있을 것으로 추정하고 있다.)

전쟁에서 패하자 리처드의 시신은 옷이 벗겨진 채 승리의 기념물로 전시되었다. 전해지는 이야기로는 그 후 그의 시신은 강에 던져졌거나 근처의 교회에 매장되었을 것이라고 했다. 오백 년이 넘은 이 미스터리를 풀기 위해 안절부절못하던 역사가들이 2012년 9월, 리처드 왕

의 시신을 찾는 작업에 착수했다. 발굴 장소는 한 때 그레이프라이어스 교회 터였던 레스터 지역의 어느 주차장이었다. 얼마 지나지 않아 턱없이 작은 무덤에 우겨 넣은 듯한 시신 한 구와 사라진 발이 발견되었다. 뼈만 남은 시신은 두개골에 아홉 군데, 몸에는 두 개의 상처가 나 있었다. 시신의 DNA를 리처드 3세의 살아남은 자손들 중 가장 최근의 두 사람에게서 채취한 DNA와 대조한 결과 연구자들은 마침내 리처드 3세의 시신을 찾았다는 것을 알게 되었다.

유골은 몇 가지 사실을 알려주었다. 리처드가 삼십 대의 나이에 사망했으며, 호리호리한 체격의 소유자였고, 척추측만을 앓고 있었다는 것이다. 등뼈가 굽는 척추측만은 한쪽 어깨가 다른 어깨보다 높아지는 원인이 된다. (셰익스피어가 주장한 것처럼 곱사등이가 아니었다는 것이다.) 이 외에 다른 실마리가 밝혀진 것은 그가 장내 기생충인 회충의 보유자였으며, 관절염이 심했고, 매일 와인을 한 병 넘게 마셨다는 것, 또한 대부분의 명문가 출신들처럼 주로 고기를 먹었다는 것 등이었다. 그뿐만 아니라 과학자들은

두개골을 이용해 그의 얼굴을 재현해냈는데, 이로써 그가 누구 말처럼 초라한 외모가 아니었다는 것 역시 밝혀졌다. (구글에서 '리처드 3세의 얼굴 재현'을 검색하면 나오니까 판단은 여러분들이 내리시기 바란다.)

2015년 3월 26일, 리처드 3세의 유해는 마침내 이전의 주차장 무덤보다 더 왕다운 위엄을 갖추게 되었다. 그는 지금 영국 레스터에 있는 레스터 대성당에 묻혀 있다.

SARAH BERNHARDT

October 22, 1844–March 26, 1923

The
DIVINE
SARAH

어느 쪽 다리를 원하시나요

사라 베르나르

오랜만에 물건 정리를 좀 해보려고 하면 뭐가 튀어나올지 알 수가 없는 법이다. 이 일의 시작도 두개골이나 태아가 담긴 항아리 등 이런저런 보관 자료에 쳐진 거미줄이나 떨어볼까 했던 것에서 비롯되었다. 다름 아니라 파리에 있는 보르도대학교 의과대학의 직원이 청소를 하다가 이상한 것을 발견하게 된 것이다. 그것은 절단된 다리였다. 문제는 이것이 그저 누군가의 다리가 아니라, 19세기에 최고의 명성을 누렸던 배우 사라 베르나르의 다리였다는 것이다. 언론에 낸 보도자료에서 보르도대학은 "우리는 그 다리를 잃어버린 것이 절대로 아니며, 다만 잊어버렸던 것이다"라고 강력히 주장했다. (두개골 수집물들이 어질러져 버리면, 보관 중이던 다리 하나를 잊어버리는 것쯤은 아주 흔히 일어나는 일이다.) 도대체 사라 베르나르의 다리가 어떻게 하여 어느 의과대학의 보관실에서 잊혀졌던 것인지 궁금하지 않을 수 없다.

다리 주인의 이야기부터 시작해 보기로 하자. 사라 베르나르의 인생은 다리를 잃기 훨씬 전부터 극적이었다. 그녀는 아들이 흉포한 호랑이들에게 공격당하는 것을 지켜보았으며, 모자 핀과 손도끼로 자신의 연인을 살해했는가 하면 그녀 자신도 칼에 찔리고, 독살 당하고, 목이

졸리고, 불에 타 죽었다. 그런 뒤 막이 내렸다.

물론 이것들은 무대 위에서 벌어진 일들이다. 그러나 그녀의 실제 인생도 못지않게 연극 같았다. 그녀는 1844년, 파리 외곽의 브르타뉴에서 태어났다. 아버지가 누구인지는 알려져 있지 않지만 어머니는 암스테르담 출신의 유대인 처녀였다. 어린 시절, 사라는 작은 몸을 내던지며 발작하듯 성질을 부려 원하는 것을 얻어내는 아이였다. 그것이 잘 먹히지 않게 되자 이번에는 자신의 재능을 극적 효과를 노리는 방향으로 전환했다. 한번은 자기 어머니가 파나드(빵과 버터로 만드는 묽은 죽)를 먹으라고 재촉하자 짜증이 난 사라는 검정 잉크를 마셔버렸다. 곧 그녀는 심한 통증에 시달리게 되었고, 그런 몸으로 자기 어머니에게 소리를 질렀다. "나를 죽인 건 당신이야!"라고. 그녀의 어머니는 기

절했다. 이후 사라는 다
시는 파나드를 먹으라는
소리를 듣지 않게 되었다.

  사라가 아홉 살이 되었을 때
어머니는 그녀를 수녀원에 들여
보내 바른 사람으로 키우려고 했다.
단 한 가지 문제는 사라가 수녀원을 싫
어한다는 것이었다. 그녀는 더욱 성질을
부렸으며, 누구에게 옮기기도 민망한 나쁜
말을 해댔다. 또 수녀들이 머리를 빗겨주려
고 하면 그들을 때렸으며, 틈만 나면 달아나
려고 했다. 그러나 시간이 지나면서 그녀는
수녀원을 아주 좋아하게 되었다(여전히 성질
을 부리기는 했지만). 뿐만 아니라 정원으로 가
꿀 수 있게 나눠 준 작은 터에서 귀뚜라미,
도마뱀, 거미 같은 동물들을 수집하며 잘
놀았다. 나중에 이 모습을 본 그녀의 어머
니는 수녀원장에게 "원장님께서는 저의 작
은 야생동물 다루는 법을 완전히 터득하
셨네요"라고 말했다. "아, 아닙니다!"라
고 현명한 수녀원장은 손사래를 쳤다.
"그냥 길들였을 뿐인걸요." 사라의 영
혼을 묶어두려고 한 사람들 중에 정
말 성공한 사람은 아무도 없었다.

사라가 열다섯 살이 되자 그녀의 어머니는 딸이 결혼할 때가 되었다고 생각했다. 사라는 전혀 동의하지 않았다. 결혼이란 누군가 이래라저래라하는 사람이 생기는 것일 뿐이었다. 그녀는 곱슬곱슬한 금발을 휙 젖히면서 하늘을 쳐다보며 이렇게 말했다. "난 수녀가 될 거야. 꼭!" 그것은 아카데미상을 받아도 손색없을 연기였다. 적어도 그녀의 어머니는 그렇게 생각했다. 머지않아 사라는 콩세르바투아르 연기 학교에서 연기 수업을 받기 시작했다. (마치 사라가 모든 소녀들이 꿈꾸는 것을 이룬 것 같지만, 당시에는 연기가 지금처럼 존경받는 재능이 아니었다. 여자 배우들은 대부분 어엿한 숙녀의 집에서 열리는 다과 모임에는 초대받지 못하는 낮은 계층으로 치부되었다.)

이것은 옳은 결정이었던 것으로 밝혀졌다. 이후 사라 베르나르는 당대에 가장 사랑받는 여배우로 성장했다. 특히 그녀는 죽는 연기를 잘했다. 가끔은 그녀가 너무 실감 나게 죽는 척해서 사람들은 그녀가 정말 죽었다고 생각하기도 했다. 실제로도 사라는 죽음에 병적인 매력을 느꼈다. 그녀는 곧잘 파리 시체안치소를 방문하여 찾으러 오는 사람이 없는 시신을 구경하곤 했다. 또한 사람의 두개골을 편지 철로 사용했으며, 나사로라는 애완동물의 해골도 가지고 있었다. (나사로는 죽었다가 되살아난 기독교 성서 속의 인물과 이름이 같다.) 그런데 이보다 더 별난 것은 그녀가 하얀 새틴과 자단목으로 만든 관에서 잠을 잤다는 것이다. 관 속은 편안해 보이기는 했지만 친구들은 기절할 듯이 놀랐다.

대중은 매혹적인 사라와 그녀가 관에서 잠을 자는 기벽 모두에 열광했다. 언론은 그녀의 일거수일투족을 쫓아다니며 그녀가 벌이는 장난 같은 기행들을 유쾌하게 다루었다. 기행은 한두 가지가 아니었다. 한 가지 예를 들면, 사라는 개인 동물원을 통째로 들고 여행을 다녔다. 거기에는 개가 최소 세 마리, 앵무새, 원숭이, 치타, 새끼 사자 몇 마리, 카멜레온 일곱 마리, 보아뱀이 포함되어 있었고, 알리가가라는 악어까지 있었다. (그녀의 동물들이 다 잘 지낸 것은 아니었다. 알리가가는 개 한 마리를 잡아 먹어버렸고, 보아뱀은 소파 베개를 삼키고서 총을 맞는 신세가 되었다.) 그녀 자신은 언제나 모피와 스카프, 베일, 방울들을 잔뜩 휘감고 다녔다. 가끔은 박제된 박쥐를 올려놓은 모자를 쓰기도 했는데, 다른 사람은 소화하기 힘든 패션이었겠지만 사라는 그렇지 않았다.

그녀를 '사랑스러운 괴물'이라고 부르며 열광하던 파리의 팬들은 '사라 베르나르 데이'라는 행사를 개최했으며, 황제와 제후들은 선물 세례를 퍼부었고, 왕후들은 그녀의 연기를 보고 눈물을  흘렸다. 소설가 빅토르 위고는 그녀의 매력에 사로잡혀 이런 편지를 보냈다. "당신이 제게서 끌어낸 눈물은 당신 것입니다. 그러니 제 눈물을 당신 발치에 두겠습니다." 그러면서 그는 편지에 눈물 모양의 다이아몬드를 동봉해 보냈다. 또 시인 오스카 와일드는 그녀의 발아래 백합을 뿌리며 "어떤 무대에서도 가장 위대한 여성 비극 배우"라고 불렀다.

사라가 미국 투어를 했을 때는 팬들이 몰려들어 자필 서명을 구걸했다. 그 중 열광적인 팬 하나가 잉크를 준비 못 한 걸 보고 사라는 대뜸 자신의 팔을 베어 피로 잉크를 대신했다. 당대 가장 유명한 발명가 토머스 에디슨 역시 사라에게 정신없이 매료된 사람 중 한 명이었다. 그녀는 뉴저지에 있는 에디슨의 집을 방문했으며, 그는 자신의 새 발명품, 즉 포노그래프라고 이름 붙인 녹음 장치를 시험해볼 수 있게 해주었다. 사라의 미국 투어는 51개 도시, 150회 공연으로 이루어졌다. 이 정도 스케줄을 소화하려면 어느 스타라도 기진맥진했겠지만 사라는 그렇지 않았다. 그녀에게는 때때로 언론을 피해 휴식하는 자신만의 방법이 있었기 때문이다. 그 방법이란 인터뷰 도중에 기절한 척하는 것이었다. 그렇게 하여 성가신 기자가 가고 나면 그녀는 방안을 펄쩍펄쩍 뛰어다녔다.

그녀가 그런 식으로 뛰어다니는 나날은 연극 〈토스카(La Tosca)〉를 상연하다가 낙상한 후 종말을 고했다. 극 중에서 그녀는 자살을 꾸며 보이기 위해 성벽 위에서 몸을 날리는 연기를 하고 있었다. 불행히도 그날 부상을 막기 위해 아래에 깔아두었던 매트리스가 제자리를 벗어나 있었고 사라는 곧장 차갑고 단단한 바닥으로 떨어져 오른쪽 무릎뼈를 다치고 말았다. 그로부터 몇 년 동안 사라의 다리는 점점 나빠져서 잘라내는 것 외에는 다른 선택이 없는 지경에까지 이르게 되었다. 사라의 악명 높은 신경질이 폭발했을 거라고? 천만에. 그녀는 어쩔 수 없는 일에 대해서는 신경질을 부리지 않았다. 오히려 그녀는 무도회에 처음 참가하는 아가씨처럼 열정적인 태도로 자신의 다리를 잘라내는 순간을 맞이했다. 심지어 누군가에게 보낸 편지에 "내일 다리를 자르게 돼서 너무 행복해"라고 쓰기도 했다.

1915년 2월 22일, 수술이 끝난 후 그녀의 다리는 곧장 보르도의 의료 시설로 보내져 해부대에 올랐다. 진단 결과는 '관절 결핵'이었다. 이것은 사라의 다리가 썩어서 냄새 고약한 살덩어리가 되어 버렸다는 것을 아주 멋지게 표현해준 것이었다. 전해지는 이야기로는 서커스 쇼맨 바넘이 절단한 다리를 만 달러에 사겠다고 하자 사라가 이렇게 대답했다고 한다. "원하시는 게 내 오른쪽 다리라면 의사에게 연락하시고, 만약 왼쪽 다리를 원하는 거라면 뉴욕에 있는 내 매니저에게 연락주세요."

그녀의 다리는 결국 보관실에 놓이게 되었지만, 왜 굳이 보관되었는지는 아무도 모른다. 어쩌면 누군가가 여신 사라를 기억하기에 친필 사인만으로는 충분하지 않다고 여긴 것일지도 모르겠다.

사라는 나무 의족과 목발을 갖게 되었지만, 덮개를 씌운 기다란 의자에 앉아 비잔틴 공주처럼 들려 다니는 것을 더 좋아했다. 그녀는 연기를 그만두지 않았으며, 높은 데서 몸을 던질 필요가 없는 짧은 배역을 맡아 일을 계속해 나갔다. 사라가 마침내 침대에 몸져눕게 된 것은 일흔여덟 살에 신장 기능이 바닥을 드러냈을 때였다. 파리에 있는 그녀의 아파트 앞으로 팬들이 몰려들어 소식을 기다리고 있었다. 언제나 비극적인 결말을 맺었던 사라는 빨리 죽어서 사람들을 만족시켜 주지는 않겠다고 말했다. "난 저 사람들을 저렇게 붙잡아 둘 거야." 그녀는 정말로 그렇게 했고, 아마 앞으로도 그럴 것이다.

지금은 어디에 있을까?

문제의 다리는 지금도 프랑스의 보르도대학교 의과대학에 보관되어 있다. 꼬리표가 사라지고 없기 때문에 많은 역사가들은 그게 정말 사라의 다리인지 의심스러워하지만, 불확실성을 해소하기 위한 DNA 검사는 아직 이루어지지 않고 있다.

내 다리는 어디에

항생제가 발견되기 전에는 상처 감염이 극도로 위험할 수 있었다. 특히 전장에서 외과 의사들은 군인들의 생명을 건지기 위해 사지를 절단해야 하는 상황에 꽤 자주 처하곤 했다.

다리 만세

가끔 어떤 사람이 아니라 그의 몸에서 한 부분만 유명해지는 일이 있다. 대부분의 사람들이 2대 억스브리지 백작(Earl of Uxbridge)인 헨리 패짓(Henry Paget)에 대해서는 모르지만, 그의 다리 때문에 일어난 소동에 대해서는 알고 있는 것이 그런 예이다. 1815년, 억스브리지는 워털루 전투에서 기병대를 지휘하던 중 포탄에 맞아 오른쪽 다리에 부상을 입었다. 전투가 끝난 후 억스브리지는 무슈 패리스(Monsieur Paris)의 집으로 옮겨졌으며, 거기서 외과 의사들은 다리를 자르지 않을 수 없었다. 다리를 자르는 장면을 지켜본 패리스는 억스브리지의 용감함에 감동을 받아서 다리를 자기 집 정원에 매장할 수 있게 해달라고 부탁했다. 이후 그는 다리를 위한 제단을 만들고 묘비까지 세웠다. 그러자 유럽 전역에서 사람들이 몰려들어 억스브리지의 다리를 보고 싶어 했다. 패리

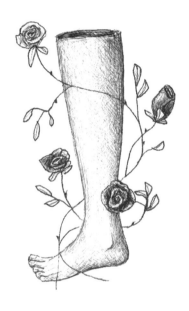

스는 호기심에 찬 관광객들 덕분에 적지 않은 돈을 벌어들일 수 있었다. (내가 계속 말한 것이 이것이다. 신체의 조각은 이윤을 창출할 수가 있다는 것.)

그러던 어느 날 관광객 중에 억스브리지의 아들이 끼어 있었다. 그때쯤에는 다리뼈를 파내어 공개 전시하고 있는 상황이었는데, 억스브리지 주니어의 입장에서는 아버지의 다리가 벽에 걸린 걸 보고 마음이 좋을 리가 없었다. 아들은 아버지의 다리를 돌려달라고 요구했지만 패리스는 거절했다. 이에 벨기에 대사까지 다리를 가족에게 돌려주라고

요구하고 나서자 다리를 둘러싼 싸움은 완전히 난투극이 되었다. 결국 다리는 1934년에 패리스가 사망할 때까지 행방이 묘연하다가 나중에 그의 아내에 의해 서재에서 발견되었다. 아마 오랜 싸움에 넌더리가 나기도 했겠고, 다리가 어느 모로나 장식용으로 알맞지 않다고 생각했을 그녀는 그것을 중앙난방식 용광로에 던져 넣어 태워버렸다.

한 발 들여놓기

남북전쟁이 한창이던 1863년, 펜실베이니아 게티스버그 전투에서 포탄을 맞은 대니얼 에드거 시클스(Daniel Edgar Sickles) 장군은 다리를

절단할 수밖에 없는 상황에 처했다. 대부분 그렇게 잘린 다리들은 야전병원 바깥에 버려져 무더기로 쌓일 뿐이었지만, 시클스는 유난히 자기 다리에 애착을 보였다. 그는 잘린 다리를 관 모양의 상자에 넣어 간직했다. 몇 년 후 그는 워싱턴 D.C. 소재의 육군의료박물관에 편지와 함께 다리를 보내면서 기념물로 보관해 달라고 요청했다. 그 후 시클스가 자기 여자친구들을 박물관에 데려가 잘린 다리를 자랑삼아 구경시켜주곤 한다는 소문이 돌기도 했다. 지금도 워싱턴 D.C. 국립의료박물관에 가면 시클스의 다리를 볼 수 있다.

VINCENT VAN GOGH

March 30, 1853–July 29, 1890

귀 좀 맡아 주세요

빈센트 반 고흐

누구나 한 번쯤 겪었을 법한 경험일 텐데, 자기가 생각하고 있던 것과 딴판인 선물을 받는 일이 있다. 선물을 받은 것에 걸맞은 예의를 차리려고 애써보지만 실망을 감추기 어려운 그런 경험 말이다. 1888년 12월 23일, 라헬이라는 젊은 여성이 바로 그런 상황에 처했다.

친구인 빈센트 반 고흐가 휘청거리며 그녀의 집으로 찾아와 신문지로 싼 작은 꾸러미를 건네주었던 것이다. 그의 선물에는 무시무시한 지시사항도 곁들여졌다. "이 물건을 아주 주의 깊게 보관할 것." 크리스마스를 이틀 앞둔 날이었기 때문에 라헬은 혹시 보석 같은 특별한 선물이 아닌지 하는 기대를 해보기도 했다. 아니면 예쁜 머리빗이라든가? 그러나 빈센트가 얼마나 괴짜인지를 알고 있는 그녀였기 때문에 좀 더 별난 것일 가능성을 염두에 두었을 수도 있다.

무엇보다, 빈센트는 나쁜 습관들을 가지고 있었다. 그는 압생트라는 녹색 술을 마시는 일에 빠져 있었는데, 그 때문에 마치 정신 나간 사람 같은 행동을 하곤 했다. 또 노란색 물감이 바닥에 떨어져 먼지가 묻으면 그걸 집어먹는 걸 좋아했다. 굳이 물감을 먹겠으면 유독한 납 성분이 들어 있는 노랑이 아니라 파랑이나 녹색을 택하는 편이 그나마 나

음… 페인트,
맛있군!

았을 텐데 말이다. 알다시피 납을 섭취하는 것은 온갖 종류의 괴팍한
행동을 유발하기 때문이다.

　프랑스 아를의 조그만 마을에서 빈센트를 썩 달가워한 사람은 없었
다. 매일 그림을 그렸지만 팔린 건 단 한 점밖에 없었다. 대중은 그처
럼 밝고, 번쩍거리는 색깔에, 소용돌이치며, 물감이 두텁게 칠해진 그
림을 좋아하지 않았다. 마을 사람들은 빈센트가 낡아빠진 작업복 아래
에 이젤을 밀어 넣은 채 들판을 향해 터덜터덜 걸어갈 때면 "푸루(Fou-
roux)"라고 외치곤 했다. 미친 붉은 머리라는 뜻이었다.

　추운 12월의 그 날, 빈센트의 타는 듯이 붉은 머리카락은 베레모 아
래에 아무렇게나 쑤셔 넣어진 채 왼쪽으로 쏠려 있었고, 그는 평소보
다 훨씬 더 어수선했다. 라헬은 빈센트가 건네준 꾸러미의 얇은 신문

지를 한 장씩 벗겨내다가 어제 날짜의 뉴스가 적힌 작은 활자들이 붉게 얼룩진 것을 보았다. 핏빛이었다. 그 속에는 고치에서 나온 것 같은 살색의 볼록한 것이 들어 있었다. 그것이 귀라는 것을 알아챈 순간 라헬은 양식 있는 사람이라면 마땅히 했을 법한 반응을 보였다. 그녀는 기절했다.

오늘날 반 고흐는 붓으로 한 행위만큼이나 면도칼로 한 행위로도 사람들에게 기억되고 있다. 이른바 스스로 귀를 자른 사건인데, 이 사건은 많은 역사가들에게 빈센트 반 고흐의 정신이 도대체 얼마나 심각한 상태였는가에 대해 의문점을 남겨 주었다. 그는 정말로 자기 귀를 도려낼 정도로 미쳤던 것일까?

역사가들은 그의 행동을 설명하기 위해 간질, 조울증, 포르피린증 (porphyria, 피부가 빛에 민감해지고 정신질환을 일으키는 혈액병—역주), 일사병, 매독 등 책에 나오는 온갖 질병들을 생각해냈다. 그도 아니면 혹시 고흐는 압생트와 납이 든 물감을 계속 먹어서 면도날을 집어들 정도로까지 제정신이 아니었던 것일까? 그럴지도 모른다. 그러나 심리학자들은 자해가 주로 팔과 손가락을 훼손하는 경향을 띤다는 주장을 오랫동안 견지해 왔다. 귀가 자해의 대상으로 거론된 적은 한 번도 없었다. 게다가 귀를 자르면 잘린 자리가 엉망진창이 되는 것이 일반적이지만 고흐의 귀는 버터 조각처럼 깨끗이 잘려져 있었다.

만에 하나 빈센트가 자기 귀를 자른 것이 아니라면, 누가 그랬을까? 많은 역사가들의

손끝이 향한 사람은 당시 고흐와 함께 지내고 있던 동료 폴 고갱(Paul Gauguin)이었다. 그때까지 두 사람은 끊임없이 싸운 데다, 둘 다 쉽사리 화를 내는 성격이었기 때문이다. 심지어 고흐가 고갱의 머리에 압생트 잔을 던진 적도 있었다. 다행히 빗나가기는 했지만 고갱은 자기 친구가 언제 무슨 짓을 할지 모른다는 확신을 하게 되었다.

즉 고갱에게는 동기가 있었던 것이다. 고흐에게 완전히 질렸다는 점이었다. 게다가 그에게는 수단도 갖춰져 있었다. 사나운 기질, 그리고 언제나 가지고 다니던 펜싱 검이 그것이었다. 그러나 가장 확실한 증거는 법의학일 것이었다. 귀가 너무나 완벽하게 잘려져 있어서 당시 의사들은 보자마자 누가 그랬는지를 고흐에게 물었다. 사실 자기 귀를 자르는 것은 대단히 어렵고 게다가 단번에 자르기란 불가능에 가깝기 때문이었다.

그러나 사건이 점점 더 미궁으로 빠지게 된 결정적인 이유는 목격자 증언이었다. 이 사건의 가장 강력한 목격자는 희생자 자신이었는데, 그가 말을 하지 않았기 때문이다. 그는 자신이 그린 밝은 노란색 해바라기 그림 아래 침대에서 피를 흘린 채로 발견되었는데, 의사들이 어떻게 하여 귀를 잃게 되었느냐고 묻자 그는 "완전히 개인적인 것"이라고만 답했을 뿐이었다.

고갱 역시 그 일에 대해서 누군가가 질문할 틈을 주지 않았다. 귀 절단 사건이 있던 다음 날 그는 '정신없이'라는 표현이 무색할 정도로 급하게 짐을 꾸려 파리로 돌아갔다. 빈센트는 나중에 고갱에게 영문을 알 수 없는 편지를 써 보냈다. 거기에는 이렇게 적혀 있었다. "나는 이 일에 관해 입을 다물 거고, 당신도 그러겠지." 고갱은 끝내 답장을 쓰지 않았지만, 다른 친구에게 보내는 편지에서는 옛 룸메이트에 관해 언급

했다. "입을 다물고 있는 사람에게 불평을 할 수는 없네."

1890년 7월 27일, 고흐는 겨드랑이에 이젤을 끼고 항상 사랑했던 밀밭으로 향했다. 그리고는 해질녘, 배를 움켜잡은 채 귀가했다. 그는 스스로에게 총을 쏘았다. 당국에서 자살을 시도한 이유를 묻자 반 고흐는 답했다. "내 몸은 내 것이고, 그것으로 하고 싶은 걸 하는 건 내 자유요."

이 사건에서 긍정적인 것을 하나 꼽자면, 고흐가 자신의 배에 총을 쏜 후 미술 비평가들이 그의 그림을 새롭게 평가하기 시작했다는 것이다. 1987년에는 그의 해바라기 그림 중 하나가 810만 달러에 팔렸으며, 그 이듬해에는 그의 작품 〈붓꽃(Irises)〉이 5,390만 달러에 팔렸다.

Where are they now?

지금은 어디에 있을까?

역사 속으로 사라진 유물은 귀뿐만이 아니었다. 빈센트가 죽은 후
그의 어머니는 아들의 그림들을 우르르 쓰레기통에 던져 버렸다
(그녀가 고흐의 팬이 아니었던 것은 확실하다).
반 고흐의 귀는 유리용기에 담겨 병원의 의사에게 보내졌다. 그러나
다시 붙이기에는 너무 늦었기 때문에 결국은 폐기되었다.

예술적 엑스트라

모나리자 (1479~1542)

최고의 비밀들은 진짜로 무덤까지 가져가는 것 같다. 레오나르도 다빈치(1452~1519)가 그린 〈모나리자〉의 실제 인물이 누구인가에 관한 비밀이 그런 예이다. 그동안은 저 유명한 미소의 주인공이 이탈리아 비단 장사꾼의 아내 리사 게라르디니(Lisa Gherardini)로 추정되어 왔는데, 마침내 2015년에 과학자들이 그녀의 자손들로 알려진 유골에서 추출한 DNA와 리사로 추정되는 유골의 DNA를 비교하는 작업에 착수했다. 그런데 안타깝게도 자손들의 유골에서 나온 DNA가 너무 변질되어 있어서 100퍼센트 확신의 일치를 끌어내기에는 무리가 있었다. 만약 과학자들이 DNA가 일치하는 것을 확인할 수 있었다면 유골의 뼈 구조를 이용해 그녀의 얼굴을 사실적으로 재구성해낼 수 있었을 것이고, 모나리자가 실제로는 어떻게 생겼는지 최종적으로 알 수 있게 되었을 텐데 말이다.

볼프강 아마데우스 모차르트

(WOLFGANG AMADEUS MOZART, 1756~1791)

18세기에 비엔나에서 자신의 무덤을 소유한다는 것은 집 안에서 펄쩍 펄쩍 뛰어다닐 수 있는 큰 저택을 갖는 것과 마찬가지였다. 따라서 무덤을 갖는 사치를 누릴 수 있는 사람들은 극소수에 지나지 않았다. 대부분의 시신은 구덩이에 던져져 다른 시신과 서로 포개지는 신세를 벗어나지 못했으며, 더 나쁜 경우 새로운 시신이 들어갈 자리를 마련하느라 솎아내어 버려지기도 했다. 이 때문에 사람들이 유해를 찾으려고 할 때마다 적잖은 혼란이 빚어지곤 했다. 다행히 위대한 작곡가 모차르트는 묘지를 관리하던 교회지기가 열렬한 팬이었다. 그는 매장 당시에 모차르트의 목둘레에 철사를 꼬아 표시해 놓았다가 1801년에 묘지가 정리에 들어가자 지체 없이 달려가 모차르트의 유골을 구해냈다. 그 후 모차르트의 유골은 집안 대대로 전해져 내려오다 가 2006년에 DNA 테스트를 실시하게 되 었다. 유골의 DNA와 모차르트의 할머니,

할머니?

음...
아니야

그리고 인근에 묻힌 모차르트 조카의 DNA까지 비교를 했는데, 결과
는 이 유골의 DNA가 모차르트의 DNA와 일치하지 않을 뿐만 아니라
할머니와 조카의 DNA도 서로 일치하지 않는 것으로 나타났다.

프란시스코 고야(FRANCISCO GOYA, 1746~1828)

골격과 두개골은 양말과 같다. 서로 짝이 맞지 않으면 대단히 곤혹스
럽다. 적어도 스페인 공회의에서 화가 프란시스코 고야의 관을 열었을
때의 반응은 그랬다. 고야는 1828년,
모국인 스페인으로부터 멀리 떨
어진 프랑스의 보르도에서 사
망했다. 1901년에야 스페인
정부는 그를 스페인 땅으로 이
장할 수 있도록 허가를 받았는
데, 막상 관을 열었을 때 그들
이 발견한 것은 두 구의 골격
과 단 한 개의 두개골이었다.
게다가 추가 검사에서는 하나
뿐인 두개골이 신원을 밝혀내지

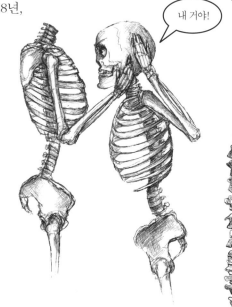

163

못한 다른 한 사람의 것일 가능성이 매우 높다는 결과가 나왔다. 그렇게 되자 고야의 두개골에 무슨 일이 생겼는가 하는 곤혹스러운 과제가 남게 되었다. 그러나 아무도 그 혼란을 수습하는 수고를 떠맡으려 하지 않았다. 그들은 고야의 머리 없는 유골을 함께 온 동료 유골과 함께 마드리드의 성 안토니 성당에 매장하는 것으로 과제를 끝내버렸다. 오늘날까지도 고야의 두개골이 어디에 있는지는 미스터리로 남아 있다.

섬뜩한 초상화

초상화를 그릴 때 살아 있는 사람을 데려다 놓고 그리는 것이 기억에 의존하여 그리는 것보다 쉽다는 것은 누구나 알고 있다. 그런데 살아 있는 사람이 아니라면? 죽은 사람을 데려올 수밖에!

　이것은 몬머스 공 제임스 스콧(Duke of Monmouth, James Scott)의 초상화 제작을 위해 벌어진 이야기이다. 제임스는 1685년에 반역죄로 처형당했다. 궁정에서는 제임스의 가족 초상화를 원했는데, 이미 그는 참수된 후였다. 해법은 하나였다. 그들은 제임스의 시신을 다시 파내어 의사에게 머리를 제자리에 꿰매게 시켰다.

죽음의 모나리자

어쩌면 독자 여러분 중에도 '센 강의 이름 모를 여인(l'Inconnue de la Seine)'으로 알려진 이 여성에게 입 맞춘 적이 있을지도 모른다. 1880년대 후반경, 센 강에서 한 소녀의 시신이 발견되어 파리 시체안치소로 보내졌다. 자살한 것으로 보이기는 했지만 몸에는 아무런 흔적이 없었으며, 끝내 신원도 확인되지 않았다. 그러나 그녀가 여느 시신과 달랐던 것은 얼굴에 나타나 있는 평화로운 미소와 완벽한 이목구비였다. 그녀는 마치 잠든 천사처럼 보였다. 시체안치소의 담당 병리학자는 그녀의 아름다움에 너무나 매료된 나머지 그 얼굴을 데스마스크(death mask), 즉 석고상으로 제작했다. 결과물로 나온 석고상 역시 너무나 섬세하고 아름다워서 예술가들 사이에서 널리 복제되었고, 소름이 돋기는 하지만 파리지엔들의 집에 벽장식

으로 걸어두는 것이 유행처럼 되었다. 그렇다면 왜 그녀에게 입 맞춘 적이 있을지모르겠다고 했을까? '센 강의 이름 모를여인'의 얼굴이 CPR 애니(Annie) 혹은 리서시 앤(Resusci Anne)이라고 하여 현재시중에서 가장 인기 있는 CPR(심폐소생술)실습용 마네킹의 모델이 되었기 때문이다.

많은 이야기를 담은 사진

만약 죽은 프랑스 소녀에게 키스하는 것을 겁먹지 않는 사람이라 해도
이 소녀만은 다를 것이다. 그러나 그 전에 잠깐 진지한 태도로 우울한
사실 하나만 짚고 넘어가자. 사진술이 발명되기 이전에는 대부분의 사
람들이 사랑하는 고인의 모습을 기억할 수 있는 방법이 없었다는 것이
다. 죽은 사람은 가 버렸고, 남은 사람들이 가진 것은 오로지 추억과 몇
가닥의 머리카락뿐이었다. 그러다가 1839년에 상업적으로 제작된 최
초의 사진이라 할 '은판 사진'이 발명되면서 한순간에 모든 것을 바꾸
어 놓았다. 단 한 가지 문제가 있기는 했다. 은판 사진이 비싸다는 것
이었다. 그것도 매우 비쌌다. 그래서 대부분의 가족들이 사랑하는 사
람의 사진을 간직할 수 있는 유일한 기회는 그들이 죽은 후에나 큰마음
먹고 사진을 찍는 것이었다. 이 마지막 사진을 '애도의 초상'이라고 불
렀다. 이 촬영에서는 고인의 볼을 분홍색으로 물들이고, 눈꺼풀을 핀
으로 고정하여 눈을 뜨게 했다. 때때로 고인은 살아남은 사랑하는 사
람들 옆에서 포즈를 취하도록 움직여지기도 했다. 완성된 사진들은 엽
서로 제작되어 슬퍼하는 가족들에게 발송되었다.

MERCY BROWN

1873–January 17, 1892

심장이 없는 뱀파이어

머시 브라운

1892년에는 죽음에 전염성이 있었다. 형, 누나, 어머니 심지어 이웃에게까지지도 죽음이 퍼져나갔다. 죽음이 다가오는 징조는 항상 같았다. 처음에는 고통을 받는 사람들이 창백해지면서 여위었다. 그다음은 피가 섞인 기침을 토해내는 것이다. 시간이 흐르면서 그 사람은 점점 더 쇠약해져 갔다. 당시에도 이런 식의 죽음을 '소비' 또는 '소모성 질환'이라고 했는데, 말 그대로 몸을 천천히 소모시켰기 때문이다. 오늘날 우리는 이 병이 결핵이라는 것을 알고 있지만 당시의 사람들은 그런 이름을 몰랐다. 심지어 결핵이 전염된다는 것도 알아채지 못했다.

결핵은 로드아일랜드 엑서터의 시골 마을에서 유난히 기승을 부렸다. 1820년에 2,500명이던 인구가 급격히 줄어 1862년에는 고작 961명밖에 남지 않았을 정도였다. (미국 남북전쟁(1861~1865명)도 인구 감소의 원인이었다. 물론 남북전쟁 중에 사망한 사람들 가운데도 많은 수가 결핵 등의 질병으로 사망했다.)

그러나 뉴잉글랜드 사람들은 질병이 전염된다고 생각하지 않았고 죽음 자체에 전염성이 있는 거라고 믿었다. 그 작고 적막한 마을에서는 죽은 사람들이 산 사람들을 감염시켰다. 아니, 그렇게 믿으면 모든 것이 이해되었다. 되살아난 시체들이 밤에 무덤에서 빠져나와 아무것도 모르는 나머지 가족들의 피를 마시며, 그렇게 피를 빨린 사람들은 핏기를 잃고 생명력을 잃어가는 것이라고 말이다.

이야기가 흡사 뱀파이어 같다고 생각하는가? 그러나 뉴잉글랜드 사람들은 이 흡혈자들을 '뱀파이어'라고 부르지 않았다. 그건 너무 말장난 같았다. 게다가 그들은 그런 종류의 허튼소리를 받아들이기에는 너무 합리적이었다. 다만 그들은 어떤 초자연적인 힘이 작용하고 있다고만 생각했을 뿐 감히 그것에 이름을 붙이지는 못했다. (로드아일랜드 사람들은 마녀의 존재 또한 믿지 않았다. 따라서 로드아일랜드에서는 마녀재판을 받을 수가 없었다. 군이 그러고 싶은 사람들은 온갖 광신도들이 사는 매사추세츠로 가야만 했다.)

브라운 일가의 경우도 마찬가지였다. 1883년 12월 8일, 서른여섯 살의 메리 엘리자 브라운이 남편과 여섯 자녀들을 두고 소모성 질환으로 세상을 떠났다. 6개월 뒤, 딸 메리 올리브도 어머니 뒤를 따라 세상을 떠나고 만다. 몇 년 후에는 아들 에드윈이 병에 걸렸고, 맑은 공기를 마시면 건강이 회복될 것이라는 믿음으로 콜로라도 스프링스로 떠났다. 에드윈이 없는 동안 이번에는 누나 머시가 같은 병에 걸려 앓다가 세상을 떠났다. 그 후 에드윈은 집으로 돌아왔지만 다시 건강이 빠른 속도로 악화되었다. 마을 사람들은 죽음이 브라운 가족 주변을 맴돌고 있다고 생각하며 공포에 사로잡혔다. 그 시대의 사람들이 대개 그랬던 것처럼 그들은 브라운 일가 중 가장 최근에 죽은 이가 에드윈의 따뜻한 피를 먹고 있다고 믿었다. 당연히, 그들은 그 악마가 환자가 있는 다른 집으로 옮겨가는 것을 원하지 않았다. 뭔가 조치를 취해야 했다. 끔찍해도 할 수 없었다.

마을 사람들의 압력 때문에 어쩔 수 없이 아버지 조지 브라운은 세 모녀의 시신을 파내는 것에 동의했다. 이상하게 들릴 수도 있지만 다른 뉴잉글랜드의 마을에서도 수없이 행해지던 일이었다. 당시에 나름 대로 의학 전문가라고 할 만한 이들이 참여하여 이루어졌던 간단한 이 절차는 누군가가 정말로, 진실로, 100퍼센트, 의심의 여지 없이 죽은 것인지 아닌지를 확인하는 것이었다. 첫 번째 항목은 시신이 적절히 끔찍한 수준으로 부패되어 있어야 하는 것이었는데, 그렇지 않을 경우 의심의 대상이 되었다. 두 번째는 심장에 조금이라도 피가 남아 있으면 안 되었다. 이 두 가지를 확인하여 충분히 만족되면 그 사람은 완전히 죽은 것으로 인정되었다.

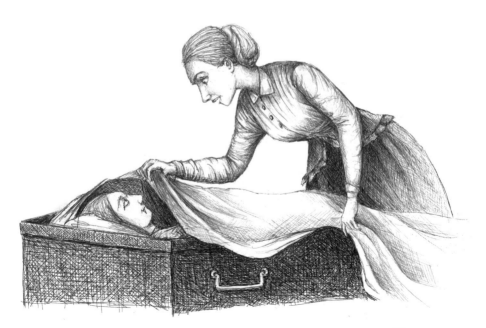

머시의 시신이 그녀의 어머니와 자매만큼 부
패하지 않은 진짜 이유는 동절기 동안 땅속에
묻혀 있어서 부패의 속도가 더뎠던 것이다.

마을 사람들이 메리 엘리자의 관을 열자 검시관은 안도의 한숨을 내쉬었다. 시신이 적절한 정도로 부패해 있었고 '예외 상황 없음'이었기 때문이다. 다음으로 그들은 딸 메리 올리브의 시신을 들여다보았다. 이 시신 역시 머리카락이 웃자란 것처럼 보이는 분해된 유골, 즉 제대로 썩은 시체였다. (잘 알려진 속설과는 달리 사람이 죽은 후에는 머리카락과 손톱이 계속 자라지 않는다. 그러나 시체의 머리카락이 상대적으로 더 길어 보이는 것은 사실이다. 그 이유는 사후에는 시신에서 탈수가 일어나 피부가 뼈대 쪽으로 바싹 당겨지면서 털이 더 부각돼 보이기 때문이다.) 마지막으로 검시관은 머시가 들어 있는 목관의 뚜껑을 들어 올렸는데, 앞선 둘과는 전혀 다른 양상이 펼쳐져 있었다. 시신의 뺨에 색이 남아 있었고, 다른 가족과 달리 부패한 정도가 사뭇 약했던 것이다. 더욱이 검시관이 머시의 심장을 열자 여전히 피가 뚝뚝 떨어지는 것이 보였다. 범인을 찾았다. 역시나 머시 브라운이 자기 동생을 먹이로 삼고 있었던 것이다.

자, 이제부터 들려 드릴 이야기는 먹고 있던 점심을 내다 버리고 싶어질 수도 있는 내용이다. 뉴잉글랜드 사람들에게는 아메리카 원주민들의 치료법 하나가 전해 내려오고 있었다. 이 치료법에 따르면 에드윈을 살릴 수 있는 유일한 방법은 그 아이에게 특별한 닭고기 수프 같은 무언가를 마시게 하는 것이었다. 다만 이 수프에는 닭이 들어가지 않았다. 사실 에드윈이 마신 수프는 그 아이의 누나인 머시의 심장을 불태워서 끓여낸 것이었다.

꿀꺽꿀꺽. 에드윈은 이 끔찍한 조제약을 마셨다. 그리고 두 달 후 그는 세상을 떠났다. 그러나 불운한 그의 누나는 죽지 않는 심장의 주인공으로 여전히 로드아일랜드 엑서터 사람들 사이를 떠돌고 있다. 해마다 호기심 많은 관광객들은 그녀의 무덤에 칼, 목캔디, 장미, 심지어 뱀파이어 이빨 세트 등등의 이상한 물건을 가져다 놓고는 한다. 전설에 따르면 그녀는 자신이 묻힌 곳 근처의 오래된 다리 주변을 배회하며, 낡은 흰색 드레스 차림으로 나타날 때면 장미꽃 냄새를 풍긴다고 한다.

지금은 어디에 있을까?

로드아일랜드 엑서터의 체스트넛힐 침례교회 뒤편에 있는 묘지에 가면 머시 브라운의 무덤을 볼 수 있다. 묘비 옆에는 머시의 심장을 올려놓고 태웠던 바위도 있다. 그곳을 다녀간 많은 사람들이 그녀의 무덤에 잔디가 너무 빈약하게 자라 있더라고 입을 모으는데, 그 이유가 머시의 죽지 않는 영혼이 무덤가를 떠돌면서 잔디를 뜯어내기 때문이라고 상상하면 웃음이 난다. 진짜 이유는 너무 많은 사람들이 그녀의 무덤 위를 오르내리면서 잔디를 밟아 죽였기 때문이다. 아무튼 그녀의 무덤을 찾아갈 일이 있으면 십자가와 마늘을 가져가는 건 좋지만, 부디 잔디밭에는 들어가지 마시기 바란다.

죽은 자와 죽지 못한 자

죽은 사람과 죽지 않은 사람의 차이를 알려면 어느 정도의 전문 지식이 필요하다. 뱀파이어를 구분해 내기 위해 필요한 점검 사항들은 아래와 같다.

사이즈

뱀파이어는 흡혈에 탐닉하여 하룻밤 사이에 너무 많은 피를 마시게 되면 다소 통통해 보일 수 있다. 시체 역시 부패되어 가는 위장을 먹고 살아가는 체내의 박테리아 때문에 부풀어 보이게 된다. 이 과정이 가스를, 그것도 아주 많은 가스를 만들어내기 때문이다. 사람이 살아서 활동하면 가스는 배출된다. 그러나 죽은 사람은 가스가 출구를 찾지 못한 채 위 속에 축적되어 복부를 팽창시키게 된다. (사실은 나중에 소장(小腸)이 뭉그러지면 가스가 배출되기는 한다.)

말뚝 박기

나무 막대기를 심장에 꽂아 넣어 관통시키면 다소 아프기 때문에 심장에 말뚝이 박힌 뱀파이어는 자연스럽게 비명을 지르게 된다. 죽은 사람들 역시 흉강에서 새어 나오는 천연가스들 때문에 비명 소리를 낸다. 이 비명 소리는 풍선에서 빠르게 공기가 빠지는 소리와 흡사하여, 상상하는 것과는 꽤 다르다.

입가의 핏자국

뱀파이어들은 엄청나게 예의 바른 피조물은 아니기 때문에 식사 후에 냅킨으로 입을 닦는 것을 잊어버릴 때도 있다. 죽은 사람들의 입가에도 암적색의 분해 물질이 묻어 나오는데 꼭 피처럼 보인다.

창백함

황금빛 영롱한 뱀파이어는 찾아볼 수가 없다. 죽은 사람들도 마찬가지로 창백하다. 사체가 부패하면 중력이 작용하여 피가 아래로 몰리는 것이다. 따라서 얼굴에서 피가 사라지면서 홍조도 사라진다.

MATA HARI

August 7, 1876–October 15, 1917

스파이의 길로 전진

마타 하리

신체 부위를 잃어버리면 찾으러 갈 수 있는 분실물 센터만 있었더라도 세상은 좀 더 나은 곳이 되었을지 모른다. 물론 누군가의 머리를 보관하느라 고충을 겪어본 사람이라면 애초에 그걸 좀 잘 두지 왜 잃어버렸느냐는 생각을 할 수도 있을 것이다. 그런데 파리의 해부학박물관에서 역사상 가장 악평이 자자한 스파이 중 한 명인 마타 하리의 머리를 분실한 사건은 이런 경우에 해당하지 않았다.

 머리의 주인이 누구인가를 고려하면 머리가 사라진 이유를 짐작하기가 좀 쉬워질 것이다. 사람들은 마타 하리를 숭배하거나 그녀의 본질을 싫어하거나 둘 중 하나였다. 싫어한 이들은 그녀를 거짓말쟁이, 도둑, 함부로 노는 여자, 씀씀이가 헤픈 사람, 스파이, 그리고 우리가 굳이 반복하기에 민망한 많은 명칭으로 불렀다. 반면에 그녀를 매혹적이다, 예술적이다, 아름답다, 이국적이다, '여성 인류의 가장 매력적인 표본 중 하나이다'라며 찬사를 퍼붓는 이들도 있었다. 사실은 지금껏 그녀가 정말로 간첩이었는지 아니었는지에 대해서는 누구도 확신을 하지 못한다. 한 가지 확실한 것은, 마타 하리가 스파이였다면 참 일도 지지리 못하는 스파이였다는 것이다.

그녀가 잘하는 것은 거짓말이었다. 심지어 이름도 가짜였다. 그녀는 네덜란드의 작은 마을 레이우아르던에서 태어난 마가레타 거트루이다 젤러(Margaretha Geertruida Zelle)라는 아이였다. 아버지가 운영하던 모자 상점이 아주 잘 돼서 어린 마가레타는 특권층을 위한 학교에 다니고 좋은 옷을 입었으며, 두 마리의 흰 염소가 끄는 작은 마차까지 가질 수 있었다. 결국 그녀는 버릇이 잘못 들고 말았다. 마가레타는 여느 네덜란드 아이와는 꽤 다른 모습을 하고 있었다. 보통의 네덜란드 아이들이 흰 피부와 금발머리, 차분한 검정 옷을 단정히 입고 있었던 것과는 달리 마가레타는 까무잡잡한 피부와 새까만 눈동자를 가졌으며, 캉캉 춤을 추는 무희들처럼 빨강과 노랑 줄무늬가 있는 치마를 입고 다녔다. 그녀의 말에 따르면 귀족 조상들(거짓말)로부터 물려받은 성(castle)(더 큰 거짓말)에서는 빨강과 노랑의 알록달록한 드레스가 대유행이었기 때문이라고 했다. 이것이 그녀의 드라마틱한 인생의 시작이었다.

불행히도 마가레타가 고작 열세 살 때 비극이 들이닥쳤다. 아버지가 파산한 후 다른 여자와 달아나 버렸고, 곧이어 어머니까지 세상을 떠나면서 그녀는 친척들 손에 맡겨졌다. 돈도 사회적 지위도 없는 마가레타의 결혼 가능성은 희박했다. 170센티미터가 넘는 큰 키에 가슴이 납작한 체형도 굴곡진 몸매를 이상적으로 보던 당시에는 도움이 되지 않았다. (일반적으로 19세기에는 지금보다 사람들의 키가 훨씬 작았다. 영국군 남자 장교의 신장이 평균 165센티미터를 넘지 않았다. 마타하리의 키는 오늘날 183센티미터의 신장과 맞먹는다.) 그렇기는 해도 마가레타는 뛰어나게 예뻤기 때문에 데이트를 하는 데는 아무런 문제가 없었다.

1895년, 그녀는 네덜란드 식민지 군의 대위 루돌프 매클라우드와 결혼하여 곧바로 네덜란드 동인도 제도(오늘날의 인도네시아)의 이국적인 자바섬으로 이주했다. 자바에서 마가레타는 그곳의 문화에 흠뻑 젖어들었다. 밝게 물들인 옷, 푸르른 초목 그리고 무엇보다 그 지역의 토속 춤에 매료되었다. 나중에 그녀는 자신의 춤 스타일에 이 춤들을 접목시키게 된다.

마가레타의 자바 체류는 행복하지 않았다. 그녀의 남편은 아주 성질이 고약했다. 그는 채찍으로 그녀를 때렸고, 술을 너무 많이 마셨으며, 돈 한 푼도 주지 않았다. 1903년, 그녀는 이혼 소송을 제기하고 파리로 달아났다. '남편에게서 달아나는 모든 여자들은 파리로 향했다'는 것이 그녀의 생각이었다. 그러나 그녀가 '모든 여자'의 범주에 들지 않는다는 것이 곧 드러나게 된다.

파리에 있는 동안 그녀는 이국적인 댄서로 변신했다. 좀 더 매혹적인 느낌을 주기 위해 자바어로 '여명의 눈동자'라는 뜻의 '마타 하리'로 이름도 바꾸었다. 마타 하리는 베일로 가린 채 추는 자신의 춤을 '사원의 춤', '거룩한 시'라고 불렀다. 지금은 누구나 그 춤을 벨리 댄스라고 부르지만 당시 유럽인들은 생전 처음 보는 몸짓이었다. 새롭게 탄생한 마타 하리라는 인물에 맞추어 진실은 그녀가 쓴 베일처럼 쉽사리 내던져졌다. 마타 하리는 자기가 인도의 브라만 가문에서 태어났으며(거짓말), 어머니는 템플 댄서였다고 했다(더 큰 거짓말). 대중은 그녀가 보여주는 것을 그대로 믿었고, 그녀에게는 많은 돈이 들어왔다.

1914년, 마타 하리가 베를린에 있는 동안 1차 세계대전이 발발했다. 프랑스와 영국이 같은 편에 섰으며 독일은 반대편이었다. 전쟁이 나자 나이 들어가는 이국적인 댄서가 베일을 휘감든 말든 아무도 신경을 쓰지 않게 되었다. 사람들은 이제 하늘에서 떨어지는 폭탄을 피하는 일에 온통 관심이 쏠렸다. 마타 하리는 네덜란드로 돌아가 다시 한번 자

신을 재창조하기로 결심했다. 이번에는 독일 스파이였다.

네덜란드에 있는 동안 그녀는 독일 영사로부터 은현(隱現)잉크(invisible ink, 육안으로는 보이지 않고 열이나 빛에 의해 표식이 나타난다–역주)와 H21이라는 암호명을 받았다. 어쩌면 스파이 학교 교육까지 이수했을 수도 있다. 모든 것이 갖추어졌다. 딱 한 가지 문제만 아니었으면 이것만으로도 빛나는 경력의 시작이 될 수 있었을 것이다. 문제란 마타 하리가 스파이로서 정말 엉망이었다는 것이다. 모르긴 해도 그녀는 스파이의 역사에서 최악의 스파이가 아니었을까 싶은데, 임무를 받고 난 이후 돈만 챙기고 은현 잉크를 바다에 던져버렸던 것이다. 이 때문인지 일부 전기 작가들은 그녀가 독일을 위해 스파이 활동을 할 뜻이 아예 없었다고 주장한다. 어찌 되었든 프랑스와 영국의 방첩 기관에서는 그녀가 스파이라는 정보를 입수하고 제거해 버리기로 결정했다.

그 무렵 마타 하리는 파리로 돌아가 있었는데, 끊임없이 누군가가 뒤를 밟았으며, 그녀의 편지들은 증기를 쐬어 감쪽같이 개봉되었고, 그녀가 호텔을 비우면 여행가방을 몇 번이고 샅샅이 뒤졌다.

그런데 여기서부터 이야기가 혼란스러워진다. 프랑스 정보당국은 그녀가 정말로 독일 스파이인지 아닌지 증거를 확보하는 가장 빠른 방법이 그녀에게 프랑스 스파이가 되어 달라고 요청하는 것이라고 생각했다. 이를테면 이중의 속임수를 쓴 것이었다. 마타 하리는 돈이 필요했기 때문에 그렇게 하겠다고 했다. 안타까운 것은 그녀가 독일 스파이 노릇도 잘 못했지만 프랑스 스파이 노릇은 그보다도 훨씬 더 못했다는 것이다. 그녀가 보내준 몇 가지 정보는 별 값어치가 없는 것들뿐이었다. 그렇거나 말거나 그녀는 보통 우편으로 꾸준히 정보를 보냈으며, 암호나 은현잉크를 굳이 사용하지도 않았다. 이때쯤에 마타 하리가 프랑스를 위해 스파이 활동을 하고 있다는 것을 독일 측이 알아내기는 어렵지 않았을 것이다. 독일은 프랑스인들에게 이미 수년 전에 간파당해 폐기한 암호를 이용하여 그녀가 발각되도록 일부러 비밀 전보를 보냈다.

프랑스인들은 당연히 편지들을 가로채서 판독했다. 그 결과 마타 하리가 독일 스파이 H21이라는 사실이 드러났다. 프랑스인들은 이제 원하던 증거를 확보하게 된 것이다.

1917년 2월 13일, 마타 하리는 프랑스 당국에 체포되어 생 라자르 감옥으로 보내졌다. 그녀의 재판은 완전히 엉터리였다. 전보 외에는 그녀가 프랑스의 군사기밀을 독일에 넘겼다는 구체적인 증거는 하나도 없었다. 마타 하리는 독일 측으로부터 돈을 받은 것은 인정했지만, 그들을 위해 어떤 일도 하지 않았다고 부인했다. 스파이로 행세하는 것이 실제로 스파이가 되는 것만큼이나 본인에게 화를 미칠 수 있다는 사실이 증명되는 순간이었다.

1917년 10월 15일, 41세의 마타 하리가 12명의 프랑스 장교들이 줄지어 선 총살형 집행 발사대 앞에 섰다. 보도에 따르면 총성이 울리기 전, 그녀는 눈가리개를 거절하고 참석한 사제에게 손으로 입맞춤을 날려 보내면서 안개 낀 들판을 가로질러 걸어가 용감하게 죽음을 맞이했다고 한다. 당시의 관행에 따라 범죄자였던 그녀의 시신은 파리 해부학박물관에 보내졌고, 그곳에서는 그녀의 머리를 잘라 밀랍 속에 보존하였다. 소문으로는 그녀를 숭배했던 많은 사람들 중 누군가에 의해 머리가 도둑맞았다고 하는데, 1954년에 박물관이 이전할 때 단순히 분실된 것으로 믿는 사람들도 많다. 머리의 주인인 댄서 본인이 수수께끼 같았으니 사라진 머리의 진실 역시 끝내 밝혀지지 않을지도 모르겠다.

Where are they now?
지금은 어디에 있을까?

파리의 해부학박물관에 가도 여전히 마타 하리의 머리는 없지만, 대신에 수백 개의 해골과 형형색색의 치아, 유리병에 보존된 태아, 병에 걸린 신체의 부위 등 온 가족이 즐길 수 있는 옛 전시물들은 풍부하다.

영원히 사라진 시신들

머리를 잃어버리는 것도 끔찍한 일이지만 몸 전체를 잃어버리는 것은
그야말로 최악이다. 다음은 가장 유명한 시신 분실 사건들이다. 여러
분이라면 이 미스터리들을 해결할 수 있을지도 모르겠다.

이집트 여왕 네페르티티 (NEFERTITI, 약 BC 1370~1330)

완벽한 광대뼈와 놀랄 만큼 장식적인 모자(원래는 왕관이다)가 인상적인
네페르티티는 모든 이들이 갈망해 마지않는 전설적인 아름다움의 소
유자였다. 1898년에 왕가의 계곡에 있는 비밀의 방에서 세 구의 미라

가 발견되었는데, 일부 이집트 연구
가들은 그중 하나가 네페르티티일 거
라는 주장을 내놓았다. 그 미라를 네
페르티티로 볼 만한 단서로는 첫째,
최고 수준의 방부 처리 솜씨 그리고
왼쪽 귓불에 두 개의 구멍을 뚫은 것
이 그녀의 생전에 제작된 흉상과 일
치하는 것, 마지막으로 왕족들만 착
용한 누비아 스타일(Nubian-style, 머
리를 갈래갈래 땋은 모양 – 역주)의 가발
등이 있었다. DNA 검사에서는 이집

트 왕실에서 흔히 이루어지던 근친결혼 때문에 이렇다 할 확증을 얻지 못했다. (당시에는 형제, 자매, 사촌들이 서로 결혼하는 것은 흔한 일이었다. 이것은 흐릿한 유전자 정보를 만드는 결과로 이어졌다.) 그래서 이 미라들이 왕족인 것은 분명하지만 반드시 네페르티티 여왕일 것이라는 보장은 없다고 주장하는 연구자들도 많다. 결론은 진짜 네페르티티는 아직 발견되지 않았다는 것이다.

마케도니아의 군주, 알렉산더 대왕
(ALEXANDER THE GREAT, BC 356~323)

만약 자신이 신이라고 주장하는 사람이 죽으면 꽤나 소란스러운 장례식이 치러지지 않을까 싶다. 알렉산더 대왕은 틈만 나면 자기가 그리스와 이집트 신들 중 가장 중요한 위치에 있는 제우스와 아몬(Ammon, 고대 이집트의 태양신-역주)의 후예라고 말하곤 했다. 그 정도면 거의 불사여야 하지 않겠나 싶지만, 일이 그렇게 풀리지를 않았다. 어느 날 연회에서 돌아온 그는 독살로 추정되기는 하지만 영문 모를 죽음을 당하고 말았다. (말라리아, 장티푸스, 알코올중독 등도 함께 사인으로 추정되고 있다.) 그의 시신은 꿀이 채워진 상자에 담겼으며 황금 전차에 실어 메소포타미아로부터 매장지인 에게해 연안의 그리스로 운반하기로 결정되었다. 그러나 알렉산더의 휘하 장군이었던 프톨레마이오스 라고스

(Ptolemy Lagos)는 생각이 달랐다. 당시에 알렉산더의 시신을 차지하는 사람이 세상을 지배하게 될 것이라는 예언이 널리 퍼져 있었는데, 프톨레마이오스가 이 예언을 자기 쪽으로 유리하게 해석하게 된 것이다.

전해지는 이야기에 따르면 결국 프톨레마이오스가 알렉산더의 시신을 운반하던 황금 전차를 습격, 강탈하여 관을 이집트 알렉산드리아에 묻었다고 한다. 그 후 알렉산더는 여러 황제들로부터 시달림을 받

왔다. 아우구스투스 황제(Emperor Augustus, BC 63~AD 14)는 엎드려서 알렉산더의 시신에 입을 맞추다가 실수로 시신의 코를 부러뜨렸는가 하면, 카라칼라 황제(Emperor Caracalla, 188~217)는 자신을 무적으로 만들어줄 것이라고 생각하여 알렉산더의 은 방패를 훔쳤다.

서기 360년쯤으로 되돌아 가보면 알렉산더의 시신은 코가 없는 채로 전쟁, 약탈, 소요, 몇 차례의 지진 심지어 한 차례의 엄청난 쓰나미까지, 주마등 같이 훑고 지나가는 온갖 재앙의 침해를 입었다. 그리고 그 와중에 기어이 그의 무덤의 행방까지 묘연해졌다(혹은 파괴되어 사라진 것이거나). 학자들 중에는 알렉산더의 시신이 여전히 이집트에 있다고 주장하는 이들도 있고, 그의 시신이 실제로는 두 번째 납치를 당하여 다른 어딘가로 옮겨졌다고 믿는 이들도 있다. 2014년 9월, 알렉산더의 무덤을 찾을 수 있으리라는 희망으로 암피폴리스에서 발굴이 시작되었다. 아쉽게도 발굴 결과는 이 위치에 알렉산더의 친구인 헤파이스티온(Hephaestion)의 무덤이 있을 가능성이 매우 높은 것을 알려주는 증거를 찾는 것에 그쳤다.

몽골의 영웅 칭기즈칸 (GENGHIS KHAN, 약 1162~1227)

칭기즈칸의 장례식에 대해 자세히 알려 드리고 싶은데, 당시에 벌어진 상황이 너무 거칠어서 아무도 살아남지를 못했기 때문에 그럴 수가 없다. 1227년 8월 18일, 칸은 말에서 떨어졌을 가능성이 있기는 하지만 원인 불명의 죽음을 맞이했다. 그가 남긴 유언은 아무도 찾지 못할 곳에 시신을 묻으라는 것이었는데, 알다시피 사람들은 성대한 장례식에 대해 이야기하는 것을 엄청나게 좋아하기 때문에 쉽지 않은 일이었다. 결국 누구든지 입을 못 열게 만드는 수밖에 없었다. 그리하여 일차로 장례식에 참석한 사람들 2천 명이 대량 살육되었으며, 이어 이 살육을 행한 8백 명의 병사들을 처형하는 순서로 식이 진행되었다. 결국 칸은 원하던 대로 아무런 표시가 없는 곳에 안치되었으며, 그곳을 영원히 숨기기 위해 강줄기를 돌려 무덤터 위로 흐르게 했을 것으로 추정될 뿐이다. 오늘날 칸은 몽골인들의 국민적 영웅으로 추앙받고 있지만, 여러 연구자들의 노력에도 불구하고 그가 묻힌 곳은 여전히 미스터리로 남아 있다.

왈라키아 공 블라드 임팔러 (VLAD THE IMPALER, 1431~1476/77)

500년 된 뱀파이어의 무덤을 뜯어내는 것은 정말이지 최악의 생각이라고밖에 할 수 없을 텐데, 몇몇 역사가들이 기어이 그 일을 하고 말았다. 블라드 드라큘라(Vlad Dracula)라는 이름으로 잘 알려진 블라드 체페슈 3세 공(Prince Vlad Tepes III)의 시신을 찾기 위해 수도원들을 돌아다니며 무덤을 파헤치기 시작한 것이다. 블라드 체페슈 3세 공은 소설 〈드라큘라〉의 그 주인공이다. 그는 또한 블라드 임팔러(Vlad the Impaler, impaler는 꼬챙이를 꽂는다는 의미−역주)라는 별명도 지니고 있었는데, 심장이 멎을 정도로 잔인한 고문을 했던 악행 때문에 지어진 별명이었다. 적의 모자에 대고 머리까지 한꺼번에 못 박기, 몸을 여러 부위로 자르기, 그리고 언제 들어도 끔찍한, 적들을 말뚝에 꿰기 등등이 그것이다.

전설에 따르면 그의 머리는 콘스탄티노플로 보내졌고, 몸은 현재 루마니아의 코나마 수도원에 묻혔다고 한다. 그러나 지금까지 파헤친 몇 개의 무덤들에서는 그의 유해가 발견되지 않고 있다.

Albert Einstein

March 14, 1879–April 18, 1955

뇌 좀 빌립시다!

알베르트 아인슈타인

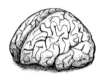

알베르트 아인슈타인은 자기 몸에 대해 별다른 신경을 쓰지 않았다. 툭하면 기름진 소시지와 초콜릿으로 뒤덮인 아이스크림을 먹었으니 심장에 아무런 도움이 안 됐을 것은 뻔한 일이었다. 또한 그는 매일 커다랗고 냄새가 독한 파이프 담배를 피워 폐를 좀먹게 했다. 무슨 까닭인지 머리카락은 주체가 안 될 만큼 가늘고 곱슬거리는 백발이었는데, 본인 말로는 '무신경해서' 그렇게 되었다고 주장했다. 아닌 게 아니라 그는 프랭클린 루스벨트 대통령을 만나러 백악관을 방문할 때조차 양말을 챙겨 신는 정도의 신경도 쓰지 않았던 사람이다. 그리고 그것에 관해 민망해하지도 않았다. 그는 물리적인 외양에 신경 쓰기에는 물리학의 위대한 미스터리를 푸는 일 때문에 너무 바빴다. 언젠가 그는 이런 말을 했다. "포장지 안에 든 고기보다 고기를 싼 포장지가 더 낫다고 하면 슬플 거야."

아인슈타인이 '겉포장'에 워낙 관심이 없었기 때문에 자신의 전기 작가에게 "사람들이 무덤에 찾아와 내 뼈에 대고 경배하는 일이 없도록 화장을 하고 싶어"라고 말한 것도 이해가 가는 일이다. 언제나 그저 한 명의 인간이길 원했던 아인슈타인은 사람들이 자신의 신체 부분들을

성유물, 즉 종교적인 대상물로 여길 것을 두려워했다. 그리고 그의 우려는 옳았다.

아인슈타인은 1955년에 복부 대동맥류 파열로 사망했다. 그의 바람대로 화장한 후 재는 델라웨어 강변의 비밀 장소에서 흩뿌려졌다. 그러나 그날 화장하기 전 이른 아침의 상황이 문제였다. 상황은 대단히 심각했다. 아인슈타인의 시신은 이미 추수감사절의 칠면조처럼 꽤 많이 잘려 나간 뒤였던 것이다. 다름 아니라 의사들이 각자 자신이 좋아하는 부위를 차지했던 것인데, 따끈따끈한 갈색 안구는 적출하여 그의 안과 의사였던 헨리 애덤스에게로 보내졌다. 애덤스는 그것을 뉴저지의 어느 안전 금고에 보관해 두고 일 년에 한두 번씩 슬쩍 꺼내 보곤 했다. (팝 스타 마이클 잭슨이 수백만 달러를 제시하며 아인슈타인의 눈을 원했지만 애덤스가 거절했다는 소문이 있다.) 또한 아인슈타인의 심장과 간은 몇몇 의과대학생에게 전달되었다. 이후 그것들이 어떻게 되었는지는 아무도 모른다. 프린스턴 병원의 양동이에 담긴 것이 마지막으로 목격되었을 뿐이다.

그리고 정말 중요한 부분, 아인슈타인의 뇌는 병리학자인 토머스 하비 박사(Dr. Thomas Harvey)에게로 돌아갔다. 동료들 사이에서 '못 말리는 괴짜 녀석'으로 불렸던 하비는 부검 보고서를 완성하는 일을 맡고 있었다. 그는 임무를 완수

했지만 거기에 창의성을 좀 섞었다.

　일단 부검 현장으로 가 보기로 하자. 4월 18일 아침, 하비는 아인슈타인의 흰 머리카락 더미를 부드럽게 헤치고 두개골의 절개 부위에 정을 갖다 대어 망치로 내리친 다음 머리를 앞뒤로 흔들었다. 그러자 아인슈타인의 머리가 크게 갈라졌다. 이어 하비는 뇌 신경을 잘라내고 회색의 반들반들한 뇌 물질 혹은 아인슈타인이 자신의 '연구실'이라고 불렀던 부분을 조심스럽게 들어 올렸다. 그런 뒤 다양한 각도에서 뇌의 사진을 찍고 여러 부분들을 스케치했다.

　이것은 모두 일반적인 부검 절차였다. 그런데 그다음부터가 좀 얼토당토않은 게 문제였다. 하비는 자신의 스케치에 예술적인 힘이 결여되어 있다고 생각했는지, 앤 보니니 브라우어라는 초상화가를 고용하여 아인슈타인의 뇌를 정물화로 그리게 했다. (브라우어는 이 일을 맡은 것에 너무 들떠서 하비에게 요금도 청구하지 않았다고 한다.) 그러나 그림만으로는 그처럼 중요한 역사의 조각을 보존하기에 충분한 것 같지 않았다. 결국 하비는 뇌를 조각조각 자르기 시작했다. 칠면조 다리만한 크기부터 각설탕만한 크기까지 다양하게 조각내어 뚜껑을 돌려 닫을 수 있는 유리병에 담았다. 그리고는 병을 집으로 가져가 맥주 전용 아이스박스 뒤쪽에 숨겨 두었다.

　오늘날 사람들은 하비가 한 일에 대해 엇갈린 감정을 가지고 있다. 그렇게 된 이유 중에는 그가 뇌를 양말 서랍에 보관했다는 점도 작용한 것 같다. 그를 고작 10초간

의 명성을 위해 뇌를 도둑질한 손버릇 나쁜 사기꾼으로 보는 사람들도 있지만, 하비는 자신의 행위를 도둑질이라고 생각하지 않는 듯했다. 오히려 스스로 과학의 수호자, 뇌 비밀의 지킴이로 자처했다.

하비가 왜 아인슈타인의 뇌를 소장하고 싶어 했는지는 이해가 된다. 아인슈타인의 뇌는 그 누구도 해낼 수 없는 일들을 성취해냈으니 말이다. 물론 아인슈타인도 처음부터 천재처럼 보인 것은 아니었다. 그는 할머니가 "너무 비대한 것 아니냐"고 했을 정도로 균형이 안 잡힌 머리를 한 채 1879년에 태어났다. 그는 세 살이 되어서야 말문이 트였고, 그의 부모들은 아들에게 정신장애가 있다고만 생각했다. 학교 다닐 때는 성적은 좋은 편이었지만 늘 선생님들의 뒤를 따라다니며 놀려대기 바빴고, 수업을 빼먹기 일쑤였다. 그런 식으로 사고를 치고 다니다 보니 졸업 후에 취직이 안 된 것은 당연한 일이었다. 그래서 그는 임시 교사 같은 일들을 하며 살았다.

결국 아인슈타인은 비대한 머리를 지닌 채 스물세 살이 되어 처음으로 특허 사무실에 일자리를 얻게 되었다. 특허 사무원은 꽤 쉬운 일이었기 때문에 아인슈타인으로서는 이른바 '사고 실험'을 해 볼 시간의 여유가 많았다. 그 시기에 그가 해 본 사고 실험 중에 빛줄기를 타고 여행을 해보면 어떨까 하는 것이 있었다. 그로부터 3년 후 그는 중대한 발견을 하게 된다. 그 어떤 것도 빛의 속도보다 빠를 수 없다는 결론에 도달한 것이다. 아인슈타인은 이것을 상대성 이론($E=mc^2$)이라고 불리는 하나의 방정식으로 요약했다. 아인슈타인의 방정식에서 물체에 내재된 에너지(E)는 물체의 질량(m)에 빛의 속도(c)를 제곱하여 곱한 것과 같다.

도대체 무슨 말인지 모르겠고 머리가 아프더라도 언짢아하지 마시기 바란다. 아인슈타인의 인기가 정점을 찍었을 때조차 미국인의 절반만 $E=mc^2$을 이해했다고 하니까 말이다. (아마 지금은 그 수가 더 적을 것이

다.) 하비가 아인슈타인의 뇌를 따로 보관하게 된 것도 이런 이유에서 였다. 그는 무엇이 아인슈타인을 아인슈타인으로 만드는지 알고 싶었 다. 그는 여러 해에 걸쳐 뇌의 슬라이드들을 이런저런 신경학자들에게 보내 비밀을 밝히는 데 도움을 받아 보려 했다. 물론 그들 대부분은 하 비를 제정신이 아니라고 생각하고 넘겼으며 진지하게 받아들인 사람 들은 몇몇에 불과했다.

그러던 중, 2011년의 한 연구에서 아인슈타인의 좌뇌와 우뇌 사이 에서 아주 독특한 무언가가 진행되고 있었다는 것이 밝혀졌다. 오늘날 사람들은 왼손잡이 또는 오른손잡이라고 생각하는 것과 똑같은 방식 으로 자신을 좌뇌형, 우뇌형으로 판단하지만 뇌는 손보다 훨씬, 훨씬 더 복잡하다. 어려운 수학 문제를 풀거나 기막힌 예술작품을 창작할 때 실제로 우리는 양쪽 뇌를 모두 사용한다. 좌뇌는 논리, 선형성 문제

해결, 세부사항 추출 등을 관장하며, 우뇌는 직관, 창조적 문제 해결, 전 체적인 상황 판단 등을 관장한다. 이 를테면 여러분이 이 책에 완전히 몰 입했다고 할 때 좌뇌는 어휘를 인식 하는 반면 우뇌는 거기에 의미를 부 여하는 것이다. 결론적으로, 진짜 천 재성은 뇌의 왼쪽이나 오른쪽 어느 한 군데에 있는 것이 아니라 중앙에 있다는 것이다. 이 센터에 뇌의 좌우 가 동시에 작동할 수 있게 하는 촘촘 한 섬유질의 네트워크가 있는데, 바

$$E = mc^2$$

로 뇌량(腦梁)이라는 것이다. 좌뇌와 우뇌가 하는 사고의 심판을 봐주는 역할로 생각하면 쉬울 것이다.

아인슈타인의 뇌가 남달랐던 것은 엄청나게 큰 뇌량을 소유하고 있었기 때문이었다. 그는 같은 나이대 보통 사람들의 평균치와 비교했을 때 두 배 이상 촘촘하게 밀집된 섬유 뭉치를 지니고 있었다. 이 섬유들이 뇌의 왼쪽과 오른쪽 사이의 통로 역할을 했다. 즉, 대부분의 변변치 못한 게으름뱅이들이 소 한 마리가 겨우 지나갈 정도의 좁은 통로들만 지니고 살아간 반면, 아인슈타인은 한층 독특하고 기발한 사고를 할 수 있게 해주는 슈퍼하이웨이와 같은 연결망을 가지고 있었던 것이

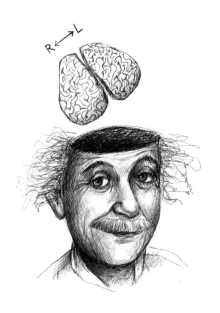

다. 어쩌면 아인슈타인은 천재성의 비밀을 일찌감치 알고 있었는지도 모른다. "내가 유달리 똑똑해서가 아니라 그저 문제들을 더 오래 안고 있을 뿐"이라고 말한 것을 보면 말이다.

　과학자들은 지금도 아인슈타인의 뇌에 관해 새로운 사실들을 밝혀 내려 애쓰고 있다. 해마다 아인슈타인의 뇌에 관한 화려한 연구 논문들이 여럿 발표되고 있지만, 그가 왜 그렇게 터무니없이 똑똑했는지에 대한 실마리는 아직까지도 찾지 못했다. 인간의 뇌는 인체에서 가장 복잡한 기관이고, 아인슈타인의 뇌의 비밀을 밝히는 데에는 오랜 시간이 걸릴 수도 있을 것이다.

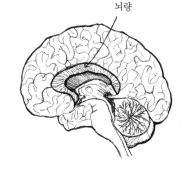

뇌량

지금은 어디에 있을까?

하비는 아인슈타인의 뇌를 국립보건의학 박물관에 반환했다. 2013년, 아인슈타인의 뇌 슬라이드들이 필라델피아의 뮤터 박물관에서 전시된 데 이어, 이 박물관의 영구 소장품이 되었다. 과학자들은 언젠가 아인슈타인의 뇌에 관한 비밀을 밝혀낼 수 있기를 계속해서 바라고 있다.

뇌의 조각들

에이브러햄 링컨 (ABRAHAM LINCOLN, 1809~1865)

19세기에는 뇌가 크다는 것이 똑똑하다는 뜻이며, 뇌가 작으면 구두끈을 묶는 일도 제대로 하지 못할 거라고 생각하는 사람들이 많았다. 당연히 모든 이들이 링컨의 뇌는 얼마만 한 지 알고 싶어 했다.

당시 부검의는 대통령의 뇌를 절제해 낸 뒤 이렇게 기록했다. "링컨의 뇌의 크기는 보통 사람의 범위를 벗어나지 않는다." 아쉽게도 그 의사는 실제 무게가 얼마라고 하는 기록은 남기지 않았던 것이다. 남성의 평균 뇌 무게는 약 1,360그램이고, 여성의 뇌는 그보다 10~15퍼센트 정도 가볍다. 그런데 다들 아시겠지만 뇌가 크다고 똑똑한 것은 아니다.

에드거 앨런 포 (EDGAR ALLAN POE, 1809~1849)

포는 흥미로운 뇌의 소유자였다. 물론 섬뜩한 갈까마귀와 눈이 하나밖에 없는 검은고양이 등등 그가 온통 어둡고 뒤틀린 내면을 표현한 것은 모두가 아는 것이지만, 여기서는 그의 진짜 뇌도 좀 이상했다는 이

야기를 하는 것이다. 즉, 그의 뇌는 불멸이었다. 포가 죽었을 때 정말로 신경을 쓴 사람은 볼티모어 전체에서 한 명도 없었다. 장례식에도 열 명 또는 그보다 적은 인원만 참석했으며, 묘비조차 없었다. 그로부터 26년이 지나고 나서야 사람들은 포가 문학 천재였다는 사실을 깨닫기 시작했다. 볼티모어 사람들은 적어도 제대로 된 무덤으로 그의 시신을 옮기기는 해야겠다고 생각했다. 그러나 관을 열었을 때 구경

꾼들은 깜짝 놀랐다. 시신의 다른 부분들은 죄다 부패한 상태였는데도 뇌가 말짱했던 것이다. 목격자들은 그의 뇌가 "두개골 안에서 건조되어 딱딱해져 있었다"고들 했다. 자, 여러분들은 이 책의 서두에서 필자가 진심을 다해 설명해 놓은 시신의 분해 과정을 주의 깊게 읽으셨을 테니, 뇌가 가장 먼저 부패하는 장기 중 하나라는 걸 이미 알고 있을 것이다. 일부 역사가들은 포의 두개골 안에서 지금까지도 덜그럭거리는 그것이 뇌가 아니라 그보다 훨씬 더 안 좋은 무언가가 아닐까 하고 생각하고 있다. 오직 뇌종양만이 두개골 안에서 굳은 덩어리로 남으니까 말이다.

프랑스의 철학자 볼테르(VOLTAIRE, 1694~1778)

볼테르의 뇌는 약제사가 부검을 한 후에 절제되어 잼 항아리에 담긴 채 집으로 옮겨졌다. 지금 그의 뇌가 어디에 있는지는 알려져 있지 않다.

공산주의 혁명가 블라디미르 레닌(VLADIMIR LENIN, 1870~1924)

블라디미르 레닌의 뇌를 저미거나 깍둑썰기해서 현미경으로 들여다 보는 연구가 끝없이 진행되어 오고 있다. 지금까지의 결론은 레닌의 뇌에 '특별할 것이 없다'는 것이다.

Elvis Presley

January 8, 1935–August 16, 1977

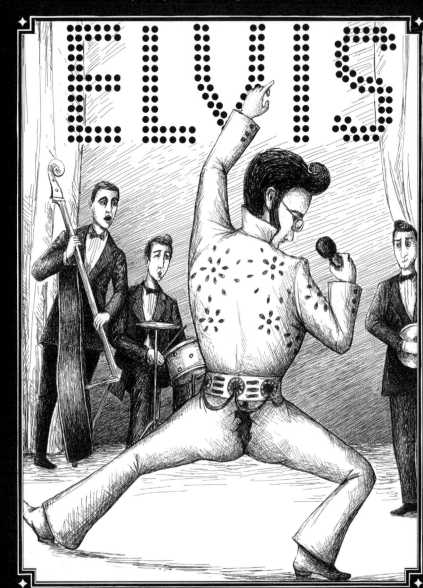

엘비스의 것이면 무엇인들

엘비스 프레슬리

조니 메이브 더 엘비스 베이브(Joni Mabe the Elvis Babe)로 잘 알려진 조니 메이브는 엘비스의 사후 3만여 점이 넘는 아이템들을 모아 '엘비스의 파노라마 백과사전'이라는 컬렉션을 만들었다. 여기서 백과사전은 그냥 하는 말이 아니다. 메이브는 엘비스의 푸들이 입던 치마, 엘비스가 앉아서 기도했던 깔개, 벨벳에 그려진 엘비스의 초상화들, 엘비스의 땀이 담긴 약병까지 모아 놓고 있다. 그중에서도 그녀가 특별히 자랑스러워하는 수집품은 1983년에 엘비스의 그레이스랜드 자택에서 양탄자에 박혀 있던 것을 발견해 낸 그의 발톱이었다. 그러나 수집품 중에서 보석 같은 아이템은 따로 있었는데, 그것은 바로 엘비스의 살점, 즉 사마귀 덩어리였다. 엘비스의 광풍이 최고조에 이르렀던 시기에 한 군의관이 이 로큰롤의 제왕의 오른쪽 손목에서 사마귀를 제거하는 수술을 했는데, 그걸 보관해두는 센스를 발휘했다가 나중에 메이브에게 팔았던 것이다. 금액이 얼마였는지는 밝혀지지 않았지만, 아무튼 메이브는 그 작은 육질의 귀중품을 포름알데히드로 채운 시험관에 담고 빨간 벨벳으로 포근한 자리를 만들어 주었다.

'엘비스 복제를 위한 미국인들의 모임'이라는 단체(정말 존재하는 단체가 맞다)에서는 언젠가 엘비스를 복제할 수 있으리라는 희망으로 이 사마귀를 사려고 했다. 그러나 메이브는 돈이 얼마가 됐든지 사마귀를 내놓지 않겠다고 했다. 그녀가 엘비스의 복제를 반대하는 이유는 두 가지이다. 첫째는 사마귀로는 복제가 불가능하다는 것이다. 사마귀는 바이러스로 인해 생기는 것이기 때문에 엘비스의 사마귀를 복제하려고 하면 최종적으로는 구레나룻이 난 사마귀가 탄생할지 모른다는 것이 그녀의 주장이다. 두 번째는 엘비스의 복제인간이 맞이할 명백한 트라우마에 대한 우려이다. "엄마가 존재하지 않는 세상으로 그를 데려오는 것은 잔인한 일이에요. 그분은 정말로 마마보이셨거든요."

사실 이 말은 충분히 설득력이 있다. 엘비스는 넉넉하지는 않았지만 어머니의 사랑을 듬뿍 받으며 성장했다. 그는 1935년 1월 8일, 미시시피주 투펠로의 작은 집에서 태어났다. 수도도 전기도 없는 집이었다. 그의 아버지는 뒤뜰에 구덩이를 하나 파고 사방에 벽을 둘러 간이 건물을 만들었다. 그것이 화장실이었다. 엘비스는 이 임시 화장실을 먼저 쓰겠다고 싸울 만한 형제자매가 하나도 없었다. 쌍둥이 형은 엘비스가 태어나는 동안 세상을 떠났고, 그 후 그의 어머니는 아이를 가지지 못했다.

학생으로서 엘비스는 꽤 착실했고, 수학과 영어에서 주로 B를 받았다. 8학년 때 음악 선생님이 그에게 노래를 못한다면서 음악 점수를 C를 주었지만 엘비스는 자신이 노래를 잘할 수 있다고 믿고 독학으로 음악 수업을 계속해 나갔다. 지금 보면 그 선생님은 단지 "그의 창법을 제대로 평가"해주지 않았던 것이다. 문제는 엘비스가 노래를 다른 아이들처럼 부르지 않았다는 것인데, 그의 목소리는 좀 퇴폐적인 느낌을 주었다. 굳이 표현하자면 리듬&블루스(R&B), 컨트리, 복음가요가 섞인 느낌이라고 할 수 있을 것이다. 만약 부모님이 여러분이 좋아하는 음악을 가지고 이러쿵저러쿵한다고 생각되면 1950년대의 부모들이 엘비스와 그의 '악마적 음악'에 대해 뭐라고 했는지를 들어보셔야 한다. 지금 우리가 록(rock)이라고 하는 단어는 1951년 오하이오주 클리블랜드의 디스크자키 앨런 프리드(Alan Freed)가 업템포의 R&B 음악을 묘사하기 위해 흔들고 구른다(rock and roll)는 용어를 만들어내기 전까지는 없던 말이었다.

고등학생 때의 엘비스는 외모도 좀 남달랐다. 마치 한껏 멋을 낸 투우사처럼 분홍색 셔츠에 검은색 볼레로 재킷을 입고, 기다란 머리는 바셀린을 발라 광을 내어 뒤로 넘겼으며, 구레나룻을 기르고 학교에 다녔다(당시에는 듣지도 보지도 못한 패션이었다). 걸음걸이는 약간 거들먹거리는 방식이었고, 노래할 때는 엉덩이를 빙글빙글 돌렸으며, 눈빛은 부모들이 자기 딸들을 가둬두고 싶게 만드는, 침실로 유혹하는 듯한 느낌이었다. 어느 모로나 엘비스는 전형적인 나쁜 녀석이었다.

1953년 가을 내내 엘비스는 멤피스에 있는 선스튜디오를 들락날락하면서 백업 가수 일을 찾아다녔다. 그러다가 처음으로 결정적인 기회가 찾아왔다. 스타라이트 랭글러스라고 하는 밴드에서 가수를 구하고 있다는 것이었다. 엘비스는 오디션을 보러 가서 노래를 잔뜩 불렀지만 적중한 것은 한 곡이었다. 아서 '빅보이' 크러덥(Arthur "Big Boy" Crudup)이 부른 블루스 곡 '다 괜찮아요, 엄마(That's All Right, Mama)'를 나름대로 해석해 부른 것이 음반사 임원들에게 먹힌 것이다. (크러덥의 노래 제목은 '다 괜찮아'였다. '엄마' 부분은 엘비스가 덧붙인 것이다.) 며칠 후 이 노래는 지역 라디오 방송국에서 첫선을 보였다. 엘비스의 목소리가 전파를 타는 순간 방송국의 전화 교환대에는 그 노래를 다시 틀어 달라는 청취자들의 요청이 빗발쳤다.

엘비스는 빠른 속도로 유명해졌으며, 마침내 로큰롤의 제왕이라는 칭호까지 얻게 되었다. 그러나 명성은 짊어져야 할 무거운 왕관이 되었다. 엘비스는 영화, 콘서트, 인터뷰로 이어지는 끊임없는 스케줄을 소화해야 했다. 그는 소년들 무리를 데리고 다니며 어울리곤 했는데, 언론에서는 이들을 그의 '멤피스 마피아'라고 불렀다. 이 소년들은 검은색 모헤어 양복을 입고, 총을 차고 다녔으며, 항상 아름다운 소녀들에게 둘러싸여 있었다.

엘비스는 정착하여 가족을 이루고 살아 보려고 노력했다. 1967년,

그는 프리실라 프레슬리와 결혼하여 이듬해에 리사 마리라는 딸을 낳았다. 엘비스는 헌신적인 아버지였고 아내를 사랑했지만, 팬과 가족들 사이에서 줄타기를 하느라 힘든 시간을 보내야 했다. 1973년, 프리실라와 엘비스는 서로 손을 잡은 채 멤피스 법원을 나섰다. 서로를 아끼는 마음은 여전했지만 결국 이혼을 결정한 것이다.

평생 동안 엘비스의 좌우명은 '진실이 너를 자유롭게 할 것이다'였다. 그러나 안타까운 것은 엘비스의 친구들 중 누구도 엘비스에게 진실을 말하려 하지 않았다는 것이다. 그는 통제 불능의 소용돌이 속으로 빠져들어 갔다. 경력 면에서 이런저런 요구사항이 늘어나면서 점차 그는 '아빠의 작은 도우미들(Daddy's Little Helpers)'이 없이는 뭘 할 수가 없게 되었다. 바로 암페타민(각성제), 수면제, LSD(환각제), 데메롤(근육이완 및 진통제), 코데인(아편으로 만든 진통제), 그리고 그중 최상위인 딜라우디드(합성 헤로인)까지, 치명적인 약물 칵테일을 달고 살게 되었다는 뜻이다. 게다가 그의 식습관은 동맥경화를 일으키는 데는 전설적인 것들이었다. 이것저것 다 버리고 딱 하나, 그가 베이컨을 좋아했던 이야기를 해 보자. 그는 감자와 베이컨, 비스킷과 베이컨을 먹었으며, 땅콩버터와 바나나 밀크셰이크에도 역시 베이컨을 곁들였다. 그중에서도 그가 최고로 좋아했던 것은 튀긴 땅콩버터와 바나나 베이컨 샌드위치였다. 얼마 지나지 않아 그는 풍선처럼 부풀어서 몸무게가 136킬로그램을 넘어섰으며, 무대 위에서 바지가 찢어지기도 했다. 그건 제왕다운 모습이 아니었다.

건강하지 못한 생활 방식과 약물 남용은 결국 그의 덜미를 잡아챘

다. 1977년 8월 16일, 록의 제왕은 욕실에서 쓰러진 채 발견되었다. 사인은 심장부정맥이었지만 그가 마지막까지 약물을 꺼내고 있었던 것을 고려하면 좋게 표현해준 것이다. (일부 의학 전문가들은 엘비스의 죽음이 치명적인 변비를 일으키는 대장 확장 때문이 아닐까 하고 생각한다. 무엇보다 엘비스가 화장실에 가기 위해 안간힘을 쓰다가 사망한 것은 맞다.)

그의 장례식에는 5만 명이 넘는 조문객이 참석했으며, 그가 사망했다는 것을 받아들이지 못하는 사람들도 있었다. '엘비스 목격 협회'(이것 역시 정말 존재하는 단체가 맞다)에 따르면, 그가 미시간주 칼라마주의 햄버거 가게와 온타리오주 트위드의 커피숍에서 목격되었다고 하며, 미국 정부의 연방비밀요원이 됐을 가능성이 있다고 한다. 한편 엘비스가 살아 있을 가능성에 대해 질문을 받은 조니 메이브는 확신에 차서 이렇게 대답했다. "살아 있으면 나를 만나러 오셨겠죠." 팬들이 흔히 그렇듯이 메이브는 엘비스와 정말로 특별한 사랑에 빠져있는 것이다.

지금은 어디 있을까?

엘비스의 사마귀는 3만 개가 넘는 엘비스 관련 소장품들로 이루어진 조니 메이브의 '엘비스의 파노라마 백과사전'에 여전히 포함되어 있다. 시즌에 맞춰 조지아주 코넬리아에 소재한 루더밀크 하숙집에 가면 이 소장품들을 볼 수 있다.

신체 부위 복제하기

엘비스의 일부를 복제한다는 생각이 그리 터무니없는 것만은 아니다. 사람의 DNA로부터 건강한 간과 심장, 피부를 만들어내는 과정을 치료용 복제라고 하는데, 치료용 복제 과정에서는 세포의 신경핵을 핵을 제거해낸 수정란에 삽입한다. 그러면 수정란이 몇 차례에 걸쳐 분열하여 배아를 형성한다. 마치 어머니의 체내에서 태아가 발달하는 방식과

비슷하다고 할 수 있다. 그러나 배아가 모체의 자궁에 착상하는 것과는 달리 이 특별한 세포들은 페트리 접시로 옮겨져서 배양된다. 이 특별한 세포들을 줄기세포라고 하며, 이것들은 일단 분열하기 시작하면 심장세포, 근육세포, 간세포, 피부세포 등등 우리 몸에 있는 모든 세포의 밑바탕이 될 수 있으므로 몸의 구성단위로 불린다. 과학자들은 이 줄기세포가 언젠가 저마다 다른 신체의 부위가 되어줄 날을 고대하고 있다. 장기를 복제하는 것은 엄청난 의학적 발전을 가져올 수가 있다. 심장이나 신장을 기증하는 것과는 달리, 환자로부터 복제해낸 장기는 원래의 장기와 유전적으로 동일하기 때문에 거부반응이 일어나지 않을 것이기 때문이다. 과학자들은 이미 줄기세포로 방광을 만드는 데 성공했으며, 따라서 엘비스의 구레나룻을 복제하는 것도 언젠가는 가능해지지 않을까 한다.

이에 비해 인체 냉동 보존술을 이용하는 것은 좀 애매한 복제 방법이라 할 수 있다. 인체 냉동 보존술은 사람의 머리를 떼 내어 극저온에 보관했다가 훗날 되살리거나, 인체 냉동 보존술 쪽에서 말하는 대로 '소생'시킬 수 있기를 기대하는 것이다. 이 역시 결국 줄기세포의 재생을 통해 사람들이 되살아날 수 있을 것이라고 믿는 것인데, 어떻게 보면 이것은 치아 펫(Chia Pet, 원하는 모양으로 구운 점토에 치아 식물의 씨를 발라 의도한 모양대로 치아 잎이 덮이도록 키워내는 것—역주)을 키우는 것이나

마찬가지다. 식물성 풀 대신에 사람의 머리에서 새로운 몸을 싹 틔우는 것만 다를 뿐.

　아무튼 인체 냉동 보존의 과정은 이렇다. 일단 머리를 얼음 속에 넣고 피가 응고되는 것을 막기 위해 헤파린(항응혈제)을 주입한다. 이때 주의할 것은, 머리를 얼리는 것은 굳이 비유하자면 미트볼을 냉동시키는 것과는 다르다는 것이다. 인체의 세포는 물로 채워져 있기 때문에 얼면 세포막이 터져 버린다. 따라서 어는점까지 도달하지 않는 선에서 가장 차가운 상태로 머리를 보존하기 위해 세포 내의 액체를 글리세롤 기반의 화학물질 칵테일로 몽땅 바꿔 넣는 작업을 하게 된다. 그런 다

음 머리를 거꾸로 뒤집어 저온 냉각장치라고 하는 커다란 금속 탱크에 보관하게 되는데, 지속적으로 저온을 유지할 수 있도록 탱크 안은 액체 질소로 채워진다.

인체 냉동 보존의 가장 유명한 사례로는 야구의 전설 시어도어 새뮤얼 '테드' 윌리엄스(Theodore Samuel "Ted" Williams)를 들 수 있다. 2002년 세상을 떠난 후 테드의 머리는 그 아들의 지시에 따라 냉동 보존되었다. 그러자 고인이 된 야구의 전설이 자기 머리를 따로 보관하는 걸 원치 않을 거라고 생각한 팬들과 그를 사랑했던 수많은 사람들이 벌떼같이 일어나 불만을 토해냈다. 그러나 언젠가 테드가 '소생'한다면, 자신이 동결에서 풀려날 때 어떤 느낌이었는지 들려줄 수도 있지 않을까.

죽었는지 살았는지

과거에는 사람이 정말로 죽었는지 아닌지를 판별하는 것이 정확하지는 않았다. 물론 시신이 온통 시커멓고 냄새가 나며 볼 장을 다 본 상태라는 꽤 좋은 지표가 되겠지만, 최근에 사망한 사람의 경우에는 어떨까? 19세기에는 의사들이 대개 맥박이 뛰는지 손목을 만져보고, 심장 근처에 귀를 대고 박동이 있는지 들어보거나 고인의 입 아래쪽에 거울을 대서 김이 서리는 것으로 호흡을 가늠하곤 했다. 이런 방법들은 더할 나위 없는 효과를 보였다. 그 사람이 코마 상태로 빠져든 것일 때를 제외하면 말이다. 이럴 때는 문제가 심각해졌다. 의사들은 코마를 '데스 트랜스(death trances, 트랜스는 주로 최면이나 빙의로 인해 무아의 상태가 되는 것을 의미한다 – 역주)'라고 불렀는데, 환자가 단순히 죽은 것처럼 깊은 잠에 빠져 있다고 믿었기 때문이다. 아무튼 섣부른 매장을 피하기 위해 의학계는 사람이 정말로, 진짜로 죽었는지를 판별하는 몇 가지 똑똑한 방법을 고안해냈다.

고문

누운 사람을 일으켜 움직이게 만드는 방법으로는 콧물이 찔끔 나도록 세게 후려치기가 있었다. 또 발을 불태우거나 손가락을 부러뜨리거나 혀를 잡아당기기도 했고, 심지어 목을 잘라버리기도 했다. 그 외에 엄청나게 뜨거운 물을 몸에 퍼붓기도 했는데, 이러면 적어도 완전히 죽지 않은 환자들은 정신이 바짝 들었을 것이 분명하다.

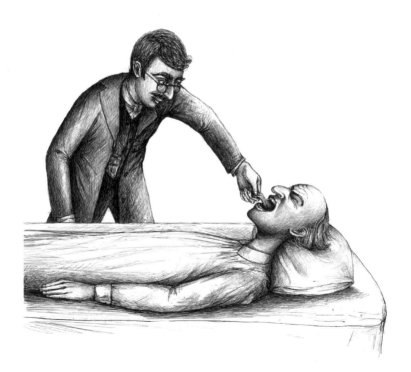

기다리기

이따금 '죽음의 집'이 이용되기도 했다. 이곳은 말 그대로 무서운 장소가 맞다. 죽음의 집은 죽은 이들이 정말, 진짜로 죽었다는 확실한 표시로 부패가 될 때까지 두는 곳이었다.

종 울리기

때때로 닫힌 관의 안쪽에 줄을 넣고 그 줄이 관 바깥의 종과 연결되어 잡아당기면 울리도록 해 놓기도 했다. 이 도르래 종 장치는 죽음처럼 깊은 잠에 빠져 있던 사람이 깨어났다는 사실을 알려주는 역할을 했다. 스포츠 경기에서 '종(bell)이 살렸다'는 말이 바로 여기서 비롯된 것이다.

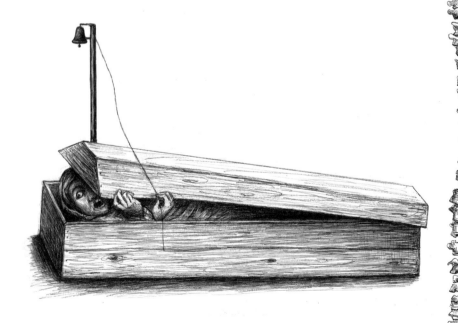

길이길이 행복하게

사랑하는 사람을 영원히 떠나보내기 전까지 우리는 고인을 되살릴 수 있는 모든 방법을 써봐야 한다. 다음은 과거에 많이 사용했던 방법들이다.

충격요법!

누군가를 (살았든지 죽었든지) 벌떡 일으켜 주의를 환기시키는 단 한 가지 방법을 꼽으라고 하면 단연 갈바니즘(galvanism, 직류 전기 요법−역주)일 것이다. 갈바니즘은 전류를 흐르게 하여 몸의 근육을 긴장시키는 방법으로, 발명자인 루이지 갈바니(Luigi Galvani)의 이름을 딴 것이다. 갈바니는 해부용으로 절개된 개구리에게 전류를 흘려보내는 실험을 했는데, 순간 죽은 개구리가 살아있는 것처럼 펄떡 움직였다. 개구리 실험에 흥미를 느끼는 사람이라면 이탈리아의 과학자 조반니 알디니(Giovanni Aldini)가 같은 실험을 죽은 사람에게 한 장면을 상상해 보면 재미있을 것이다. 1803년에 알디니는 사형이 집행된 범죄자 조지 포스터의 몸에 전극을 부착하고서 전기의 위력을 런던 시민들에게 시연해 보였다. 한 번의 전기 쇼크로 감겨 있던 조지의 눈이 번쩍 뜨이자 관중들은 전기가 정말로 죽은 사람을 되살려내는 것은 아닌지 호기심을 가지고 지켜보기 시작했다(조지는 되살아나지 못했고, 무시무시한 경련만

일으켰다). 들리는 이야기로는 이 끔찍한 시연이 메리 울스턴크래프트 셸리라는 소설가로 하여금 괴짜 과학자에 의해 이런 방법으로 소생된 괴물을 다룬 고딕 소설을 쓰게 이끌었다고 한다. 그녀는 자신이 창조한 괴물에게 프랑켄슈타인이라는 이름을 붙여 주었다.

그러나 전기 충격으로 생명을 되살린다는 발상은 생각만큼 터무니없는 것이 아니었다. 오늘날 의사들은 심장 마비를 일으킨 사람들의 심장을 재작동하는 데 제세동기라고 하는 전기 장치를 이용하고 있다. 제세동기는 해마다 10만 명 이상의 생명을 구할 수 있는 가능성을 지니고 있으며, 되살아났을 때도 프랑켄슈타인의 모습으로 변하지 않는다.

양처럼 순하게

조지 워싱턴이 사망한 다음
날(58쪽 참조), 의사 한 명
이 도착하여 고인이 된 대
통령을 되살릴 방도가 있
다고 주장했다. 시신의 피
를 빼내고 양의 피로 채워 넣으
면 된다는 것이었다. 그는 양의 피
가 시신을 소생시킬 수 있는 특별한 생
명력을 지니고 있다고 믿고 있었다. 그
러나 조지의 가족들은 그를 평화롭게 잠
들 수 있게 가만히 두는 쪽을 선택했다.

결백 플레이

16세기에는 살인 사건으로 사망한 피해자가 자신을 죽인 사람과 맞닥뜨리면 피를 흘린다는 속설이 있었다. 1572년, 잉글랜드에서 앤 크로켓이 살해당한 남편의 시신을 피의자 앞에 데려다 달라고 요청하는 일이 벌어졌다. 그녀는 자신의 남편 몸에 난 상처에서 정말로 피가 흘러나올 거라고 믿었던 것이다. 그런데 공교롭게도 이 사건의 검시관이 피의자의 여동생과 결혼한 사이였다. 피가 흐르면 범죄가 들통날 것을 두려워한 검시관은 앤의 요청을 기각했다. (아니나 다를까, 이 검시관의 보고서는 고인의 머리에 난 치명상이 선천적인 두상의 형태 때문이라는 글로 시작한다.)

가장 갖고 싶은 것

아래 신체 부위들은 수집하기에 딱 알맞은 종류들이었다.

행운의 손가락

16세기 독일에서는 처형된 범죄자의 손가락이 행운을
가져온다고 여겨 종종 절도의 대상이 되었다. 행운을
부르는 토끼 발과 같은 것이었다. (토끼가 새끼를 많이 낳
기 때문에 다산과 풍요, 행운의 상징으로 삼았던 켈트족 미신의
일종 – 역주)

이 없으면 잇몸 대신 틀니로

현대 치의학 이전 시대에는 아무도 이 닦는 일로 성가시게 살지 않았기
때문에 이를 잃는 일이 상당히 흔했다. 새 치
아 세트가 필요하다고? 걱정하지 마시라. 죽
은 사람에게서 훔쳐 오면 그만이니까. 기원전
800년, 에트루리아(이탈리아 중부)에서는 시체
에서 이를 뽑아다 부자들의 틀니로 사용하곤
했으며, 18세기와 19세기에는 주로 전장에서

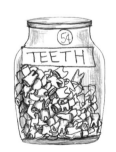

전사한 병사들의 이를 훔쳤다. 워털루 전투 이후에 워털루 치아라는 말이 생겨난 것도 같은 이유였다.

장화나 줘서 보내

간혹 범죄자가 교수형에 처해지고 나면 가죽을 벗겨 무두질하여 튼튼함이 요구되는 다양한 제품들 즉, 벨트, 가방, 장화, 유려한 책 장정 등등을 만들곤 했다. 1881년에 무법자 조지 패럿이 경관 두 명을 살해한 혐의로 체포되었는데, 교수형이 집행된 후 그의 가죽은 장화와 의료용 가방으로 변신했다.

가발을 구합니다

예전에는 남의 머리카락을 빼앗아가서 로켓에 넣어 기념품으로 삼는 일이 적지 않았으며(베토벤 부분 참조), 18세기에는 머리카락으로 정교한 가발을 만드는 것이 성행했다. 덕분에 머리카락의 원래 주인에게 이가 있었을 경우에는 머리에 생채기가 엄청 생기는 원인이 되기도 했

다. 또 빅토리아 시대 사람들은 머리카락 재활용 분야에서 뒤처질세라 죽은 친척들의 머리카락으로 헤어 주얼리를 엮었다.

옳지않아

자기 집 정원에서 낯모르는 해골이 나왔다고 상상해 보자. 낭만시인 바이런 경이라면 이렇게 생각했을 것이다. '흠, 둥글고 움푹하고 섬뜩하군. 깨끗이 닦아서 술 마시는 잔으로 쓰면 되겠네!' 작가 너대니얼 호손(Nathaniel Hawthorne)이 바이런 사후 몇 년이 지난 어느 날 바이

런 경의 집을 찾아갔는데, 캐비닛 안을 엿보다가 이 찝찝한 고블릿(goblet, 굽이 높은 술잔–역주)을 발견했다. 호손은 한마디 하지 않을 수 없었다. "술이 엉망으로 취해 있거나 대단히 목이 말라야 이런 고블릿에 담긴 와인을 맛보지, 그렇지 않고서야!"

송장 약

지금쯤이면 시신의 여러 부위들이 이런저런 이유로 보관되었다는 것을 아시게 됐겠지만, 가장 흔한 이유 중 하나는 질병을 치료하기 위함이었다.

설탕 한 숟가락

'네가 먹는 것이 바로 너이다'라는 말이 있는데, 이 말이 사실이면 다음에 소개하는 송장 약을 먹는 것은 꽤나 달콤한 치료가 될 것 같다. 12세기 아라비아에서 어느 노인이 죽을 날을 앞두고 있었는데, 오로지 꿀만 먹고 꿀로 목욕을 하라는 처방을 받게 되었다. 말 그대로 오로지

꿀로만 살라는 것이었다. 시키는 대로 하고 난 한 달 뒤에 그는 결국 세상을 떠났다. 그의 시신은 석관에 안치되었는데, 거기에는 짐작하시는 대로 꿀이 가득 차 있었다. 백 년 후, 그의 관이 마치 고급 포도주처

럼 펑 하고 열렸다. 물론 끈적거리는 조각들은 좀 있었다. 그 후 꿀에
절여진 시신 고약은 한 숟가락씩 퍼내어 다리가 부러진 데나 상처 난
데에 치료약으로 쓰였다. 미친 소리 같겠지만 꿀은 실제로 물기를 말
리고 소독을 하는 효능이 있어 상처 치료에 도움이 된다.

나의 사랑하는 미라

16세기 의사들은 거룩한 사람들의 시신에 마법의 힘이 깃들어 있다고
믿었다. 오스트리아 대공 돈 카를로스(Don Carlos)가 머리에 상처를 입
자 의사들은 성자로 일컬어지던 프레이 디에고(Fray Diego)의 백 년 된

미라를 가져다 돈 카를로스의 침대에 나란히 눕혔다. 돈 카를로스의 상태가 호전되었기 때문에 의사들은 미라 요법이 효과가 있다고 더욱 더 믿게 되었다.

미라를 갈아서 가루로 만들어 먹으면 힘이 세진다는 이야기도 있었는데, 16세기의 프랑스 왕 프랑수아 1세는 매일 루바브 함께 미라 가루를 한 자밤(손끝으로 집을 만한 분량 – 역주)씩 챙겨 먹었다.

일석이조

17세기에는 각 지역마다 사형 집행자가 따로 있었는데, 이들의 일과는 낮에는 범죄자들을 매달고 밤이 되면 시신의 부위를 판매하는 것이었다. 가장 수익성이 높은 부위로 꼽힌 것은 지방이었다. 상처에 문질러 바르는 것은 물론 양초와 비누의 재료로 인기가 높았기 때문이다.

킹스 드롭스

잉글랜드의 찰스 2세 왕(King Charles II, 1630~1685)
은 킹스 드롭스(King's Drops)라고 하는 은밀하
고도 기분이 좋아지는 약품을 가지고 있었
다. 그는 개인 연구소까지 두고서 알
약 조제와 복용량 등을 개발
했다고 하는데, 그 은밀한
재료가 무엇이었을까? 다
름 아니라 분말로 만든 두
개골이었다.

말도 안 되는 레시피

17세기에는 뇌를 증류한 물약이 머리 통증에 관한 만병통치약처럼 쓰
였다. 독일의 화학자 요한 슈뢰더(Johann Schröder)가 남겨 놓은 레시피
에 따르면 '폭력을 당해 죽은' 젊은 남자의 뇌를 곱게 갈아 걸쭉하게 만
든 뒤 모란, 블랙체리 꽃, 라벤더, 백합 등의 꽃 혼합물과 섞으면 된다.
슈뢰더는 도움이 될 만한 레시피 대용품도 첨가해 놓았는데, 젊은 남
자의 뇌를 찾기 어려우면 엘크의 뇌도 꽤 쓸만하다는 것이었다.

나쁜 피

고대 로마에서는 검투사가 쓰러져 죽으면 그 피가 귀중한 약이 되었다. 부유한 귀족들이 돈을 내고 쓰러진 검투사의 혈관에서 곧장 피를 빨아 마신 것이다. 검투사의 피는 주로 간질 발작에 효험이 있는 것으로 알려졌지만 정력을 높이는 데도 이용되었다.

중세의 사형 집행인은 처형된 죄인의 피를 팔아 단시간에 한몫을 단단히 챙길 수 있었다. 당시 사람들은 죄인의 피를 마시면 강하고 튼튼

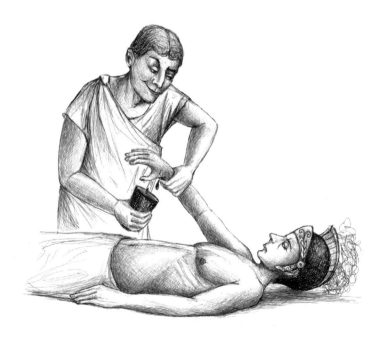

해진다고 생각했기 때문에, 마치 토마토수프를 핥아먹는 것과 같은 자세로 교수대로 달려가 즉시 따뜻하고 신선한 피를 마셨다.

만병통치약으로 피를 사용한 관행은 15세기까지도 죽 이어졌다. 1492년에 교황 이노센트 8세가 위중해지자 의사들은 소년들 세 명의 피를 마시게 하라는 처방을 내렸다. 이 처방은 효과가 없었다. 교황은 사망했고, 죽도록 피를 흘린 세 소년도 목숨을 잃었다. (교황 이노센트 8세는 16명의 혼외자를 두었고, 노예제도를 옹호했으며, 수천 명의 여성이 마녀로 몰려 교수형을 당하도록 마녀사냥을 승인해 준 것으로 유명한 인물이다. 그러므로 소년들의 피를 마신 것도 놀라운 일은 아니다.)

피를 약으로 쓰는 일은 18세기까지도 끝나지 않았다. 1793년, 루이 16세가 단두대로 보내지자 군중들이 사형장의 발판 쪽으로 우르르 몰려가기 시작했는데, 다름 아니라 왕족의 피를 손수건에 적시기 위해서였다. 왕의 피는 건강을 위한 특효약으로 신봉되었다.

목욕하는 공주님

왕이나 검투사의 피를 구하기 힘들 때는 어린 소녀의 피가 피부의 윤기를 가꿔주는 데 놀라운 효과를 볼 수 있다고 여겨졌다. 피 애호가로 가장 악명 높았던 사람 중에 독일의 백작 부인인 에르제베트 바토리

(Elizabeth Bathory)가 있었다. 에르제베트는 1610년에 60명의 어린 하
녀들을 고문, 살해한 혐의로 체포되었다. 전해지는 이야기로는 그녀
가 소녀들을 도살한 후 그들의 피로 목욕을 하여 젊음을 유지하려 했
다고 한다. (그녀의 살인은 3백 명이 넘는 목격자들이 나서서 증언했지만 정작 피
의 거품 목욕에 대한 기록은 그녀가 죽고 나서 몇 년 후에야 작성되었을 뿐 재판 중
에는 일절 거론되지 않았다.)

죽음의 실내장식

여배우 사라 베르나르가 관을 침대로 삼고, 두개골을 편지꽂이로 쓴 게 다 이유가 있어서였다. 때로는 몇 가지 장례용품과 신체 부위들이 정말로 분위기를 살려줄 수도 있기 때문이다.

죽음의 집

시체 안치소만큼 죽음과 부패를 잘 말해주는 곳도 없을 것이다. 시체 안치소 또는 납골당은 사람의 뼈로 장식된 커다란 집이다. 가장 취향 에 맞는 납골당을 꼽는 게 쉬운 일은 아니지만 체코공화국에 있는 세

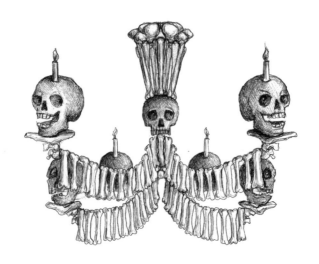

드렉 납골당(Sedlec Ossuary)에는 한번 가봐야 한다. (뼈로 만든 샹들리에가 정말 압권이다.) 해골 성당으로 알려진 세드렉은 13세기에 수도원장인 헨리(Abbot Henry)가 예루살렘에서 돌아올 때 '거룩한 흙'을 좀 가져와 세드렉 묘지에 뿌리면서부터 조성되기 시작했다. 그러자 사람들이 이 거룩한 흙에 묻히기를 원하게 된 것은 당연한 일이었을 것이다. 금세 뼈가 너무 많아져서 성당 내부는 해골과 뼈로 가득 차게 되었고, 일부 뼈는 지하실 안으로 옮길 수밖에 없는 상황이 되었다.

가장 빛나는 머리

18세기 파리에서는 귀족 부인들 사이에서 리본으로 장식된 두개골을 촛대로 쓰는 것이 유행이었다. 마리 레슈친스카 왕비 (Marie Leszczyńska, 1703~1768) 역시 유명한 미녀 작가 니농 드 앙클로(Ninon de l'Enclos, 1620~1705)의 두개골로 복도를 밝혔다.

좋은 꿈 꾸시길

17세기 어느 로마 수녀회의 수녀들을 세폴타 비바(Sepolta Viva) 또는
'산 채로 묻힌' 자매님들이라고 불렸는데, 그들은 매일 밤 잠자리에 들
때 이런 말과 함께 서로 좋은 꿈을 빌어주었다고 한다. "기억합시다,
자매님들. 우리는 반드시 죽습니다." 그런데 이 말이 그냥 하는 말이
아니었다는 것이 밝혀졌다. 그들은 침대 대신에 관 속에서 잠을 잤던
것이다.

죽은 자들의 제국

파리의 매력적인 동네 레알(Les Halles)에는 고층 빌딩이 없다. 지반이
너무 약해서 일정 높이를 넘어서는 큰 건물을 지을 수 없게 한 것인데,
왜냐하면 그곳의 그림 같은 상점과 카페들 아래 지하 세상에 온전히
뼈로만 이루어진 길고 어두운 터널들이 뻗어 있기 때문이다. 죽은 자
들의 제국으로 알려진 이 터널의 뼈들은 600만 명이 넘는 파리 사람
들의 유골이다. 파리의 공동묘지가 너무 붐비게 되자 1780년에 지하
로 옮겨진 것이다. 요즘은 호기심 가득한 관광객들이 죽은 자들의 제
국을 방문하곤 하는데, 모쪼록 길을 잃어서 그 구조물의 일부가 되지
않기를 바란다.

장래성 없는 직업

이런 식으로 시체에 관한 이야기를 많이 하다 보면, 죽은 사람들과 관련된 직업이 궁금해질 것이다. 그래서 몇 가지 무시무시한 직업들을 소개해 드린다.

슬픈 직업

연기를 잘한다고 해서 꼭 드라마만 찍으란 법은 없다. 적절한 때에 울 수만 있다면 조문을 전문적으로 하는 직업적 조문객으로서의 경력을 고려해 봄 직하다. 이 직업의 기원은 기원전 156년경 중국에서 찾아볼 수 있다. 전문 조문객은 기본적으로 장례식에 참석하여 꺼이꺼이 울어야 돈을 받을 수 있었다. 그러면 고인을 그리워하는 분위기가 만들어지고, 남은 가족들이 눈물을 쏟아내야 하는 압박감을 덜 수 있었다. 이런 관행은 지금도 중국에서 이어지고 있으며, 항상 '평정을 유지하고 하던 일을 계속

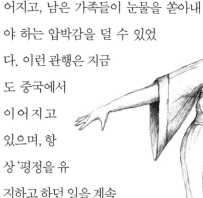

하는' 것으로 유명한 영국에서까지 인기를 얻었다. 한 시간에 45파운드를 내면 전문 조문객들이 검은 옷을 입고 장례식에 등장하여 눈이 퉁퉁 붓도록 울어준다.

재미로 가득했던 로마의 장례식

눈물이 있어야 장례식을 제대로 하는 것이라고 여기는 문화가 있었는가 하면 로마인들은 피를 좀 봐서 활기를 돋우는 쪽을 선호했다. 로마인들은 고인을 기릴 때는 사람을 제물로 바쳐야 하지만, 다만 그냥 도살하듯이 죽이는 것은 몰상식한 짓이라고 생각했다. 그래서 그들은 글래디에이터, 즉 검투사라고 불리는 무장한 사람들이 서로 죽고 죽일 때까지 벌이는 정교한 경기를 개최했다. 이 검투사 장례 경기는 기원전 175년 무렵에는 고인을 기리는 가장 대중적인 방식으로 자리 잡았으며, 경기에서 누군가가 죽지 않은 채 장례를 끝내는 것을 대단히 무례한 것으로 여기는 분위기가 되었다.

장례용 검투사 경기가 점점 더 사치스러워지게 되자 아예 행사를 맡아서 진행하는 사람들이 등장하게 되었는데, 그들을 편집자라고 불렀다. 일종의 행사 코디네이터라고 할 이 편집자들은 오늘날 저자들의 책을 대단히 특별하게 만들어주는 매력적인 출판인들과 아무 상관이

없다. 이 편집자들의 역할은 피바다가 멈추지 않게 하여 여흥을 유지하는 일이었다. 경기의 최고 편집자들은 알맞은 때에 글래디아트릭스 (gladiatrix, 여자 검투사들)끼리 서로 겨루게 안배하거나 혹은 기린 몇 마리를 도살하기도 했다.

기원전 105년 무렵에는 로마인들이 검투사 경기를 너무 즐긴 나머지 장례에 대한 생각도 거의 사라지고 없었다. 결국 이 경기들은 고인을 기리는 것과는 사실상 별 상관이 없고, 난쟁이들이 서로 싸워서 상대에게 상처를 입히는 것을 구경하는 것에 다름 아니었다. 안타깝게도 이것이야말로 진짜로 장래성 없는 직업이었다. 보통의 검투사들은 고작 20대 초반까지밖에 살지 못했기 때문이다.

장례식에서 사람들이 죽을 때까지 싸우게 하고 그걸 구경한 로마인들이 얼마나 병적이고 비틀려

있었는지에 대해 잘 못 느끼는 사람들을 위해, 장례 광대 이야기를 들려 드리겠다. 로마의 장례식에는 가면 복장을 하고 관 주변을 돌면서 춤을 추는 광대들이 있었다. 이 즐거운 조문객들은 장례식의 어두운 분위기를 밝게 만들기 위해 고용되었는데, 농담을 던져 사람들을 깔깔 웃게 만드는 게 임무였다.

매달리는 사람

영화에서는 대개 교수형 장면이 너무 어이없이 빠르게 진행된다. 그런데 슬프게도 중세의 교수형은 그렇게 신속하게 고통 없이 죽는 일이 아니었다. 사실은 죽는 데 한 시간 정도가 걸렸다. 다행인 것은, 사형수에게 매달려서 최대한 빨리 목숨이 끊어지도록 도와주는 직업이 있었다. 오늘날 이들을 일컫는 '매달리는 사람(hanger-on)'

은 뭔가 얻어갈 것이 있어서 다른 사람의 주변을 어슬렁거리는 사람
을 가리킨다.

사망 조사관

중세의 삶은 기대 수명이 서른다
섯 살 정도였기 때문에(가난
한 사람들은 더 짧았다), 죽음
이 골목 모퉁이마다 도사
리고 있었으며, 때로는 이
웃집 대문 바로 뒤에도 숨
어 있었다. 사망 조사관들
이 필요했던 것은 그런 이
유에서였다. 이 조사관들
은 사람이 죽은 집으로 들
어가서 죽음의 원인을 판
단하는 책임을 맡은 나이
많은 여성들이었다. 그리
고 원인은 대개 페스트였

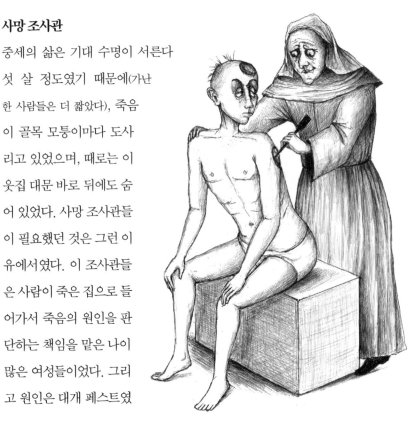

다. 조사관들은 시신을 검사하여 검게 변한 피부와 곪아 터진 종기 등을 관찰하여 사인을 판단하곤 했다. 일단 페스트로 판정을 받게 되면 그 집 문에는 십자 표시가 그려지게 되며 식구들은 40일 동안 집 안에 격리되었다. 그러나 그렇게 오랫동안 집에 갇히고 싶어 할 사람이 없었기 때문에 조사관들에게 뇌물을 갖다 바치고 사망 증명서를 위조하는 일이 유행하게 되었다.

사형 집행인

◆ 직무상 요구 사항 : 작은 구멍 두 개만으로 내다보고도 도끼를 잘 겨누어 휘두를 수 있어야 함.

◆ 특전 : 죽은 사람의 피와 지방을 팔아서 추가 이익을 얻을 수 있음.

◆ 단점 : 아무도 당신을 좋아하지 않음. 그래서 가면을 쓰는 것임.

사형 집행인들은 대개 훌륭하고 정직한 시민들이 아니었다. 주로 범죄를 저지른 전적이 있거나 일자리를 구하기 힘든 사회의 낙오자들이 이 일을 했다. 아무도 하려 들지 않는 일이었기 때문이다. 게다가 도끼를 휘두르는 일이 얼핏 쉬워 보이지만 주변을 어지럽히지 않고 깔끔하게 머리를 자르기 위해서는 엄청난 힘과 기술이 필요했다.

사형집행인 중에서 가장 유명한 사람으로 꼽히는 잭 케치(Jack Ketch)는 1663년에 잉글랜드의 공식 사형집행인이 되었다. 대개 어느 분야에서 유명하다고 하면 자기 일을 뛰어나게 해내서일 텐데, 케치는 그게 아니라 역대 최악의 사형집행인이어서 그렇다. 그는 매번 사형을 엉망으로 망쳐놓았으

며, 한 번에 사형을 마무리한 적이 결코 없었다. 그중에서도 최악은 1685년에 몬머스 공 제임스 스콧을 사형시킬 때 무려 8회나 도끼를 휘두른 일이었다. 지금도 영국의 어머니들은 버릇없는 아이들을 나무랄 때 잭 케치한테 잡혀가면 어쩌려고 그러냐면서 겁을 주곤 한다.

구더기는 알고 있다

아… 구더기. 이것들은 터무니없이 빨리 자란다. 그래서 구더기의 라이프사이클은 사람이 죽은 지 얼마나 지났는지를 알려주는 단서로써 법정 곤충학자들에게 좋은 자료가 된다. 예를 들어 시신이 성숙한 유

충의 먹이가 되고 있다면 그 사람은 대략 3주 전
에 죽은 것으로 보면 된다. 구더기가 알에서 성
충이 되기까지 걸리는 시간이 3주 정도이기 때
문이다. 먹을 것을 다 먹고 난 뒤, 구더기는 상대적
으로 더 건조한 곳(시신에서 물기가 적은 곳)으로 이동하
여 고치를 만들고, 짠! 하며 기운찬 새끼 파리들로 태
어난다. 법정 곤충학자들은 시신에 생긴 구더기와 다른 벌레들의 라
이프사이클을 연구하여 죽음의 시간과 장소를 판정하는 일을 하는 사
람들이다. 1936년 3월 13일, 벅 럭스턴(Buck Ruxton) 박사가 자기 아
내를 죽인 혐의로 유죄 판결을 받은 것도 바로 법정 곤충학자의 활약
덕분이었다. 범행에 대한 단 하나의 증거, 구더기가 아니었더라면 그
는 자유의 몸이 될 뻔했다. 곤충 전문가인 미언스(A. G. Mearns) 박사
가 시신에 있는 청파리의 구더기를 통해 사망 날짜를 판정한 것이 주
효했던 것이다. (구더기는 12~14일 정도 자란 상태였다). 이렇게 판명된 사
망 추정일에 시신이 버려진 곳 근처에서 럭스턴 박사가 목격된 것이
결정적인 증거가 되었다.

죄를 먹는 사람들

사람들은 웬만한 일에도 죄책감을 느끼는 경향이 있다. 고맙게도 19
세기 사람들은 죽은 사람이 지었을지도 모르는 어떤 죄라도 용서할 수
있는 기발한 방법을 가지고 있었다. 시골 장례식에서 흔히 쓰던 방법
으로, 데드케이크(dead cake)라고 하는 딱딱한 빵을 고인의 가슴에 얹
어 놓고 죄식자(sin eater, 罪食者)를 불러 시신의 빵을 먹어 치워 고인의
죄를 대신 받아먹게 한 것이다.

사랑받지 못한 존재들

지금까지 우리는 심장, 머리, 두개골, 뇌, 손가락, 다리, 귀, 머리카락, 사마귀 등등을 포함해 온몸을 두루 다루었다. 하지만 그럼에도 불구하고 일부 신체 부위는 마땅히 받아야 할 관심을 받지 못한 것도 사실이다. 이 부분은 잊혀진 신체 부위를 위한 것이다.

인정받지 못했던 부위, 결장

소화기관 중에서 찬양받지 못한 영웅, 결장부터 시작해 보자. 18세기와 19세기에 해부학 강사들은 심장과 폐, 뇌에 관해서는 시를 대할 때처럼 열정적이었지만 결장은 그냥 잘라서 버렸다. 그 누구도 불쌍한 결장에 관해서는 입에 담지도 않았다. (만약 방귀 냄새가 지독하다고 생각한다면, 시신에서 결장을 제거할 때 옆에 있어 봐야 한다. 결장에는 유독한 가스와 소화되지 않은 음식쓰레기가 들어 있는데, 해부학 실습을 지켜볼 때의 꽤 괜찮은 냄새와는 차원이 다르다.)

지금이야 소중하게 병에 담긴 결장을 쉽게 찾아볼 수 있지만, 특별히 J. W.로 알려진 청년의 배 속에서 나온 엄청나게 큰 결장을 보고 싶은 사람은 필라델피아의 뮤터 박물관을 찾아가면 된다. 이 결장은 한 줄로 길게 놓았을 때 가장 큰 곳의 둘레가 70센티미터에 길이는 245센티미터가 넘는 크기이다(보통의 결장은 120~150센티미터 정도의 길이밖에 안 된다).

J. W.는 거대결장증 즉, 결장 일부에 신경이 공급되지 않는 질병을 앓고 있었으며, 결장으로 가는 근육이 수축되지 않아서 대변이 쌓이고, 점점 커지게 된 것이다. 이렇게 되면 결국 결장의 벽에 가해지는 압력이 너무 커져서 혈액의 흐름을 감소시키고 치명적인 감염으로 이어지게 되는데(튜브형 치약을 뚜껑을 꼭 닫은 채 세게 눌러 짜는 상황을 생각해 보자), J. W.가 바로 이런 이유로 스물아홉 살의 나이에 화장실 바닥에서 죽은 채로 발견된 경우였다. (일부 의료 전문가들은 엘비스 프레슬리 역시 거대결장증을 앓고 있었으며, 이 병이 그의 결정적 사인이었다고 믿고 있다.) 그의 갈색 가죽 같은 결장은 지금도 뮤터 박물관의 입장료에 제값을 하고 있다.

편도선의 행방

해마다 50만 건 이상 편도선 제거 수술이 이루어진다. 그리고 매번 수술을 할 때마다 수천 명의 부모들은 똑같은 질문을 하게 된다. '부작용은 없을까요?', '낫기까지 얼마나 걸리나요?' 그리고 여기에 꼭 보태지는 질문은 이런 것이다. '아픈가요?' 그러나 단 한 명도 가장 중요한 질문에는 신경을 쓰지 않는다. '잘라 낸 편도는 어떻게 되나요?' 하는 것이다. 혹시 여러분 중에 편도를 제거한 사람이라면 같은 것을 궁금해할 수도 있을 것이다. 미안하지만, 편도는 보관되지 않는다. 미국에서는 1988년의 의료 폐기물 추적법에 따라 편도선은 '잠재적 감염' 물질로 분류되어 적절히 처리되어야 하기 때문이다. 대부분의 주에서 외과 의사들은 빨간봉투(red bag)라고 하는 것에 편도를 넣어 폐기한다. 이렇게 하는 것이 옛날보다는 나은 처리인 것은 분명하다. 의료폐기물을 그냥 갖다 버렸을 경우 나중에 이스트코스트의 해변에서 밀려오는 일도 종종 있었기 때문이다.

Thomas Alva Edison

February 11, 1847–October 18, 1931

마지막 숨결

토머스 알바 에디슨

위대한 인물의 일대기는 그 사람에게 살아 있는 듯한 숨결을 불어 넣는다. 하지만 그 이상의 무언가가 필요할 때가 있다. 그 인물의 실제 호흡을 만날 수 있기를 바랄 때가 있다는 것이다. 그런 의미에서 발명가 토머스 에디슨의 마지막 숨결을 담아 놓은 유리 시험관이 있다는 사실은 다행이 아닐 수 없다.

토머스 알바 에디슨은 1847년 2월 11일 오하이오주 밀란에서 생애 첫 호흡을 하기 시작했다. 가족들은 그를 앨(Al)이라고 불렀으며 학교 선생님들은 '애들드(addled)'라고 불렀는데, 어린 앨이 정신 사납게 군다는 의미였기 때문에 교사들이 쓰기에 썩 바람직한 별명은 아니었다. 앨이 다소 괴짜인 것은 맞았다. 정신 사납게 굴었다고 하지만, 사실은 에디슨이 어떤 질문도 답을 얻지 않고는 넘어가지를 않았다는 의미가 크다. 어린 시절 그가 수많은 실험을 했던 것도 답을 얻고 싶어서였을 것이다. 한 번은 에디슨이 알 위에 앉아서 자기가 알을 부화시킬 수 있는지를 실험한 적이 있었다. 부화는 되지 않았고, 누가 봐도 알을 낳은 어미 거위만 성가신 꼴을 당했을 것이었다. 또 한 번은 새를 관찰한 끝에 신선한 벌레를 먹어서 새들이 잘 날 수 있을 거라 생각한 에디슨이

253

벌레 몇 마리를 짓이겨 옆집 소녀에게 먹인 일도 있었다. 답을 알아낼 수 있는 유일한 방법이라고 여겼던 것이다. 당연한 결과로, 소녀는 전혀 떠오를 기미가 없었고 오히려 병이 나고 말았다. 그렇거나 말거나 에디슨은 끊임없이 실험을 했으며, 덕분에 우리 삶에서 가장 중요한 몇 가지 발명품들이 생겨나게 되었다. 축음기, 영화, 그리고 가장 높이 평가받아야 할 백열전구 등이 그것들이다.

에디슨은 전깃불이 없는 세상에 살았다. 19세기에는 초와 가스등으로 불을 밝혔는데, 비싸고 그다지 밝지도 않았으며, 벽이 온통 두꺼운 그을음 천지가 되곤 했다. 그러던 것을 에디슨이 완전히 바꿔 놓았다. 전구를 발명한 것은 에디슨이 아니지만, 탄소 필라멘트로 실험을 거듭하여 훨씬 싸고 수명이 긴 백열전구를 만들어낸 것은 에디슨이었다.

에디슨은 끊임없이 아이디어와 발명품들을 고안해냈다. 그의 책상에는 'NEW THINGS'라고 꼬리표를 달아 놓은 보관함이 있었다. 뉴저지 멘로파크의 연구실에서 그는 화학 물질들을 혼합하고 축음기를 땜

질하면서 숱하게 많은 날들을 보냈다. 가끔은 너무 열심히 일하느라 잠을 안 자다시피 하는 때도 있었다. 온통 구겨져 쭈글쭈글한 옷차림으로 연구실의 작업대에 웅크린 채 고작 한두 시간 눈을 붙이고 일어나 다시 일하는 식이었다. 그래서인지 그는 이런 말을 한 적이 있다. "천재는 1퍼센트의 영감과 99퍼센트의 노력이다."

에디슨의 노고는 결실을 보았다. 그는 1,093건의 미국 특허를 획득했는데, 이 기록은 오늘날까지 깨지지 않고 있다. 미국 사람들은 한결같이 그의 특출한 발명들에 찬사를 보냈으며, '멘로파크의 마법사'라는 별명을 지어 불렀다. 그러나 그 누구의 찬사도 그의 베스트프랜드인 헨리 포드(Henry Ford)만큼 뜨겁지는 않았을 것이다. 포드가 에디슨을 만난 것은 1896년에 에디슨 조명 회사(Edison Illuminating Company)에서 엔지니어로 일하고 있을 때였다. 두 사람이 다시 만난 것은 16년 후였는데, 발명가끼리만 통하는 농담을 주고받으면서 곧바로 떼려야 뗄 수 없는 사이가 되었다. 포드는 기업가였으며, 자신의 자동차 공장에 조립 라인을 도입한 최초의 인물이었다. 조립 라인이란 제조 공정을 스테이션 단위로 나누고, 각 스테이션마다 사람이나 기계가 배치되어 제각기 자기가 맡은 부분을 공정에 추가해 나가는 것이다. 이 조립 라인 덕분에 자동차를 더 빨리, 더 저렴하게 만들 수 있게 되었고, 더 많은 가정에서 자동차를 살 수 있게 되었다. 포드와 에디슨은 언젠가 함께 전기 자동차를 만들자고 하면서 그에 관해 긴 대화를 나누었다. 그들의 시대에서는 한참 앞선 이야기였다.

그로부터 얼마 지나지 않아 두 천재는 플로리다 에버글레이즈로 캠핑을 떠났다. 이 캠핑 여행 동안 그들은 나무 베기, 전력 질주, 사냥, '높이 차기' 등등의 거친 놀이로 경쟁을 벌였다. 짐작하시는 대로, 높이 차기 콘테스트는 말 그대로 누가 더 높이 발을 차올리는가를 겨루는 경기가 맞다.(기록상으로는 에디슨이 포드를 18센티미터 앞섰다.) 아무튼 포드는 에디슨과 더할 나위 없이 가까운 사이가 되어 1916년에는 플로리다의 포트마이어스에 있는 에디슨의 집과 나란히 있는 옆집을 사들였다. '우정의 문(Friendship Gate)'이라고 하는 나무 문이 두 집 사이를 가르는 경계 역할을 했지만 문은 언제나 열려 있었다. 나중에 에디슨이 휠체어 신세가 되었을 때 포드는 자기도 휠체어를 사서 둘이 함께 집 주변의 사유지를 돌며 경주를 하곤 했다. 두 사람의 우정은 1931년, 에디슨이 세상을 떠날 때까지 계속되었다.

마지막 순간이 오자 에디슨의 아들 찰스는 침대 옆에서 시험관을 꺼내 아버지의 입술 아래에 갖다 댔다. 그런 후 에디슨이 마지막 숨을 튜브에 내쉬자, 파라핀 왁스로 입구를 밀봉해 두었다가 시험관을 포드에게 보내주었다. 포드가 자기 아버지를 얼마나 깊이 존경하고 있었는지를 알았기 때문이다. 에디슨의 마지막 호흡은 친구를 잃은 포드에게 그 친구와 연결되어 있다는 느낌을 전해 주었을 것이다.

에디슨은 죽은 사람과 산 사람을 연결하는 보이지 않는 전기 에너지가 있다고 믿었다. 그 틈을 메우기 위해 그는 '영혼 상자(ghost box)'라는 것을 제작했는데, 그는 이것을 "이 땅을 떠난 인격들이 우리와 소통

할 수 있는지를 알아보는 기구"라고 설명했다.

"저곳은 정말 아름답군."
– 토머스 에디슨의 마지막 말

에디슨의 아이디어 중 다소 어긋난 것들도 없지는 않았지만 적어도 한 가지는 그가 옳았다. 손으로 쓴 편지든 혹은 진짜 손이든, 일단 그것들을 간직하고 있으면 죽은 사람이 산 사람에게 손을 내미는 것, 즉 소통이 가능해진다는 것이다.

지금은 어디 있을까?

에디슨의 마지막 숨결을 담은 시험관은 미시간주 디어본에 있는 헨리 포드 박물관에서 찾아볼 수 있다.

감사의 글

이 책은 내 몸의 모든 부분이 제자리를 지킬 수 있게 해준 분들이 없었으면 쓰지 못했을 것이다.

이스라엘은 나의 심장을 지켜 주었다.

앨리슨은 우스꽝스러운 뼈대를 지켜 주었다.

나의 대리인 애비게일 새먼은 내 눈이 제자리를 지켜 완성에 집중하게 해주었다.

존의 지원에 힘입어 머리를 잃어버리지 않을 수 있었다.

나의 아이들 조니와 샬럿은 내 두 발이 단단히 땅을 딛고 설 수 있게 해주었다.

나의 부모님. 이분들께는 모든 것에 대해, 특히 나의 몸 각 부분을 만들어 주신 것에 대해 감사드린다.

매사추세츠 종합병원의 의사 선생님들은 다루기 어려운 내 결장을 구해 주시고, 창자를 병에 담는 것에 관한 내 농담들을 참고 견뎌 주셨다.

마지막으로 사라와 블룸스버리 출판사의 모든 분들은 나의 각 부분이 한데 모일 수 있게 하여 이 책에 전념할 수 있게 해주셨다.

참고문헌

내 몸이 흙이 되기까지

Benjamin, Kathy. *Funerals to Die For: The Craziest, Creepiest, and Most Bizarre Funeral Traditions and Practices Ever.* Avon, MA: Adams Media, 2013.

Bondeson, Jan. *Buried Alive: The Terrifying History of Our Most Primal Fear.* New York: W. W. Norton, 2002.

College of Physicians of Philadelphia, Lindgren, Laura, and Gretchen Worden. *Mütter Museum Historic Medical Photographs.* New York: Blast Books, 2007.

Colman, Penny. *Corpses, Coffins, and Crypts: A History of Burial.* New York: Henry Holt, 1997.

Fabian, Ann. *The Skull Collectors: Race, Science, and America's Unburied Dead.* Chicago: University of Chicago Press, 2010.

Harrington, Joel F. *The Faithful Executioner: Life and Death, Honor and Shame in the Turbulent Sixteenth Century.* New York: Picador, 2013.

Harris, Mark. *Grave Matters: A Journey Through the Modern Funeral Industry to a Natural Way of Burial.* New York: Scribner, 2007.

Iserson, V. Kenneth. *Death to Dust: What Happens to Dead Bodies?* Tucson, AZ: Galen Press, 2001.

Lovejoy, Bess. *Rest in Pieces: The Curious Fates of Famous Corpses.* New York: Simon & Schuster, 2013.

Maples, Williams R. *Dead Men Do Tell Tales.* New York: Doubleday, 1994.

Murphy, Edwin. *After the Funeral: The Posthumous Adventures of Famous Corpses.* New York: Carol, 1998.

Quigley, Christine. *The Corpse: A History.* Jefferson, NC: McFarland, 2005.
———. *Skulls and Skeletons: Human Bone Collections and Accumulations.* Jefferson, NC: McFarland, 2008.

Rachlin, Harvey. *Lucy's Bones, Sacred Stones, and Einstein's Brain: The Remarkable Stories Behind the Great Objects and Artifacts of History, From Antiquity to the Modern Era.* New Orleans: Garrett County Press, 2013.

Roach, Mary. *Stiff: The Curious Lives of Human Cadavers.* New York: W. W. Norton, 2004.

Schechter, Harold. *The Whole Death Catalog: A Lively Guide to the Bitter End.* New

York: Ballantine Books, 2009.

Sugg, Richard. *Mummies, Cannibals, and Vampires: The History of Corpse Medicine from the Renaissance to the Victorians.* New York: Routledge, 2011.

이네스 데 카스트루

Livermore, H. V. *A History of Portugal.* Cambridge, MA: Cambridge University Press. 1947.

Pillement, Georges. *Unknown Portugal.* London: Johnson, 1967.

Stephens, Henry Morse. *The Story of Portugal.* New York: G. P. Putnam's, 1891.

죽음을 넘어서는 사랑

Ahnlund, Nils. *Gustav Adolf the Great.* Translated by Michael Roberts. Princeton, NJ: Princeton University Press, 1940.

Aram, Bethany. *Juana the Mad: Sovereignty and Dynasty in Renaissance Europe.* Baltimore: Johns Hopkins University Press, 2005.

Buckley, Veronica. *Christina Queen of Sweden: The Restless Life of a European Eccentric.* London: Harper Perennial, 2004.

DuTemple, A. Lesley. *The Taj Mahal.* Minneapolis: Lerner, 2003.

Shelley, Percy Bysshe. *The Complete Poetical Works of P. B. Shelley.* London: C. Daly, 1839.

갈릴레오 갈릴레이

Donadio, Rachel. "A Musuem Display of Galileo Has a Saintly Feel." *New York Times*, July 22, 2010.

"Galileo's Tooth, Thumb and Finger Go on Display." *Telegraph* (UK), June 8, 2010. http://www.telegraph.co.uk/news/worldnews/europe/italy/7812377/Galileos-tooth-thumb-and-finger-go-on-display.html. Accessed online October 8, 2015.

Sobel, Dava. *Galileo's Daughter: A Historical Memoir of Science, Faith and Love.* New York: Walker, 1999.

―――. *A More Perfect Heaven: How Copernicus Revolutionized the Cosmos.* New York: Walker, 2011.

시체 도굴꾼들의 침공

Bailey, James Blake. *The Diary of a Resurrectionist.* London: Library of Alexandria, 2014. Kindle edition.

Rosner, Lisa. *The Anatomy Murders: Being the True and Spectacular History of Edinburgh's Notorious Burke and Hare and of the Man of Science Who Abetted Them in the Commission of Their Most Heinous Crimes.* Philadelphia: University of

Pennsylvania Press, 2009.

루이 14세

Jacob, Matthew, and Mark Jacob. *What the Great Ate: A Curious History of Food and Fame.* New York: Broadway Books, 2010.

Orléans, Charlotte-Elisabeth. *Memoirs of the Court of Louis XIV and of the Regency: Being the Secret Memoirs of Elizabeth-Charlotte, Duchesse d'Orléans, Mother of the Regent.* Boston: L. C. Page, 1899.

Racevskis, Roland. *Time and Ways of Knowing Under Louis XIV: Molière, Sévigné, Lafayette.* London: Associated University Presses, 2003.

뜯고 씹고! 맛있게 드시길!

Bryson, Bill. *At Home: A Short History of Private Life.* Toronto: Doubleday Canada, 2010.

Freedman, David H. "20 Things You Didn't Know About Autopsies." *Discovery,* September 2012, 72.

Morán, Elizabeth. "The Sacred as Everyday: Food and Ritual in Aztec Art." PhD diss., City University of New York, 2007.

Petrinovich, F. Lewis. *The Cannibal Within.* New York: Aldine de Gruyter, 2000.

Ruiz, Ana. *The Spirit of Ancient Egypt.* New York: Algora, 2001.

조지 워싱턴

Betts, William W., Jr. *The Nine Lives of George Washington.* Bloomington, IN: iUniverse, 2013, 145.

Chernow, Ron. *Washington: A Life.* New York: Penguin, 2010.

Ellis, Joseph J. *His Excellency: George Washington.* New York: Random House, 2004.

Ferling, John. *The Ascent of George Washington: The Hidden Political Genius of an American Icon.* New York: Bloomsbury, 2010.

George Washington's Mount Vernon. http://www.mountvernon.org. Accessed online on March 26, 2013.

The Papers of George Washington. http://gwpapers.virginia.edu. Accessed online on March 3, 2013.

Weinberger, Bernhard Wolf. *An Introduction to the History of Dentistry in America.* St. Louis: C. V. Mosby, 1948.

Writings of Washington. Archive.org, https://archive.org/stream/writingsofgeorge26wash/writingsofgeorge26wash_djvu.txt. Accessed online on June 5, 2013.

산 채로 매장된 사람들

Bondeson, Jan. *Buried Alive: The Terrifying History of Our Most Primal Fear.* New York: W. W. Norton, 2002.

McCarthy, Tony. *The Facts of Death.* Cork, Ireland: Belgrave, 2006.

프란츠 요제프 하이든

Dickey, Colin. *Cranioklepty: Grave Robbing and the Search for Genius.* Lakewood, CO: Unbridled Books, 2010.

Geiringer, Karl, with Irene Geiringer. *Haydn: A Creative Life in Music.* Berkeley: University of California Press, 1982.

"Haydn's Skull Is Returned." *LIFE* magazine, June 28, 1954.

울퉁불퉁한 역사, 골상학

Finger, Stanley. *Minds Behind the Brain: A History of the Pioneers and Their Discoveries.* New York: Oxford University Press, 2004.

Graham, Patrick. (2001) *Phrenology* [videorecording (DVD)]: revealing the mysteries of the mind. Richmond Hill, ON: American Home Treasures.

루트비히 판 베토벤

Lockwood, Lewis. *Beethoven: The Music and the Life.* New York: W. W. Norton, 2005, 2003.

Martin, Russell. *Beethoven's Hair: An Extraordinary Historical Odyssey and a Scientific Mystery Solved.* New York: Broadway Books, 2000.

Morris, Edmund. *Beethoven: The Universal Composer.* New York: Harper Collins, 2005.

Weiss, Philip. "Beethoven's Hair Tells All!" *New York Times*, November 29, 1998.

머리카락에 얽힌 역사

"Channel 4 documentary *Dead Famous DNA* reveals Charles Darwin suffered from Crohn's disease." *Mirror.* http://www.mirror.co.uk/tv/tv-news/dead-famous-dna-charles-darwin-3337775#ixzz3Fao0QLQm. Accessed online August 10, 2014.

"Channel 4 show 'discovers cause of Elvis Presley's death.'" *Guardian* (London). March 25, 2014.

Results of Tests on the Hair of Virginia and Edgar A. Poe. http://www.eapoe.org/geninfo/poethair.htm. Accessed online on August 5, 2014.

에이브러햄 링컨

Craughwell, Thomas J. *Stealing Lincoln's Body.* Cambridge, MA: Harvard

University Press, 2007.

Guelzo, Allen C. *Fateful Lightning: A New History of the Civil War and Reconstruction.* New York: Oxford University Press, 2012.

Power, J. C. *History of an Attempt to Steal the Body of Abraham Lincoln.* Springfield, IL: H. W. Rokker, 1890.

시체 보존법 골라보기

Boyd, Carl R., MD. *The Assassination of Abraham Lincoln: The True Story Your Teacher Did Not Tell You.* Bloomington, IN: Trafford, 2011.

Harris, Tom. "How Mummies Work." http://science.howstuffworks.com/mummy4.htm. Accessed online on July 28, 2013.

Lovejoy, Bess. *Rest in Pieces: The Curious Fates of Famous Corpses.* New York: Simon & Schuster, 2013.

Quigley, Christine. *The Corpse: A History.* Jefferson, NC: McFarland, 2005.

Taylor, John H. *Death and the Afterlife in Ancient Egypt.* Chicago: University of Chicago Press, 2001.

창 & 엥 벙커

Hartzman, Marc. *American Sideshow: An Encyclopedia of History's Most Wondrous and Curiously Strange Performers.* New York: Penguin, 2006.

Irving, Wallace, and Amy Wallace. *The Two: A Biography of the Original Siamese Twins.* New York: Simon & Schuster, 1978.

Orser, Joseph Andrew. *The Lives of Chang and Eng: Siam's Twins in Nineteenth-Century America.* Chapel Hill: University of North Carolina Press, 2014.

공유의 기쁨

Lock, Margaret M. *Twice Dead: Organ Transplants and the Reinvention of Death.* Berkeley: University of California Press, 2001.

Roach, Mary. *Stiff: The Curious Lives of Human Cadavers.* New York: W. W. Norton, 2004.

피니어스 게이지

Fleischman, John. *Phineas Gage: A Gruesome but True Story About Brain Science.* Boston: Houghton Mifflin, 2002.

Macmillan, Malcolm. *An Odd Kind of Fame: Stories of Phineas Gage.* Cambridge, MA: MIT Press, 2000.

Pliss, Todd Colby. *The Only Living Man with a Hole in His Head.* Niles, OH: SB Addison, 2011.

Stabbed in the Brain: Phineas Gage. https://www.youtube.com/

watch?v=FrULrWRlGBA. Accessed online on May 6, 2014.

무덤까지 함께

The Search for Immortality: Tomb Treasures of Han China. The
 Fitzwilliam Museum. http://www.tombtreasuresofhanchina.org/the-
 exhibition/han-empire/the-han-dynasty. Accessed online on August 8,
 2014.

Skal, J. David. *Bela Lugosi, Hollywood's Dark Prince.* Biography Channel. Oct.
 1995.

Taylor, John H. *Death and the Afterlife in Ancient Egypt.* Chicago: University of
 Chicago Press, 2001.

Waldman, Suzanne Maureen. *The Demon & the Damozel : Dynamics of Desire in
 the Works of Christina Rossetti and Dante Gabriel Rossetti.* Athens: Ohio University
 Press, 2008.

존 윌크스 부스

Goodrich, Thomas. *The Darkest Dawn: Lincoln, Booth, and the Great American
 Tragedy.* Bloomington: Indiana University Press, 2005.

Kauffman, Michael W. *American Brutus: John Wilkes Booth and the Lincoln
 Conspiracies.* New York: Random House, 2005.

Nottingham, Theodore J. *The Curse of Cain: The Untold Story of John Wilkes Booth.*
 Newbury, West Berkshire, UK: Sovereign, 1998.

Swanson, James L. *Manhunt: The 12-Day Chase to Catch Lincoln's Killer.* New
 York: HarperCollins, 2009.

뼈 이야기 하나 더

Ashdown-Hill, John. *The Last Days of Richard III and the Fate of His DNA.*
 Stroud, England: History Press, 2013.

Langley, Philippa, and Michael Jones. *The King's Grave: The Search for Richard
 III.* London: John Murray, 2013.

사라 베르나르

De Costa, Caroline. *The Diva and Doctor God: Letters from Sarah Bernhardt to Doctor
 Samuel Pozzi.* Xlibris, 2010.

Gold, Arthur, and Robert Fizdale. *The Divine Sarah: A Life of Sarah Bernhardt.*
 New York: Knopf, 1991.

Gottlieb, Robert. *Sarah: The Life of Sarah Bernhardt.* New Haven: Yale University
 Press, 2010.

Pollard, Justin. *Charge!: The Interesting Bits of Military History.* London: Hodder
 & Stoughton, 2008.

Silverthorne, Elizabeth. *Sarah Bernhardt*. Philadelphia: Chelsea House, 2004.

내 다리는 어디에

Lost and Found. History Channel. Episode 1, Airdate 8/7/1999.

Notes & Queries. 3rd S. II, September 27, 1862, p 249.

빈센트 반 고흐

Druick, Douglas W. *Van Gogh and Gauguin: The Studio of the South*. London: Thames & Hudson, 2001.

Gayford, Martin. *The Yellow House: Van Gogh, Gauguin, and Nine Turbulent Weeks in Provence*. Boston: Houghton Mifflin, 2008.

Naifeh, Steven, and Gregory White Smith. *Van Gogh: The Life*. New York: Random House, 2011.

Suh, H. Anna. *Vincent Van Gogh: A Self-Portrait in Art and Letters*. New York: Black Dog & Leventhal, 2006.

예술적 엑스트라

Boyle, Alan. "'Mona Lisa' Skeleton and Her Kin's Remains Are Due for DNA Testing." NBC News. Aug 9, 2013. http://www.nbcnews.com/science/science-news/mona-lisa-skeleton-her-kins-remains-are-due-dna-testing-f6C10874613. Accessed online on August 12, 2014.

Burns, Stanley B. *Sleeping Beauty: Memorial Photography in America*. Altadena, CA: Twelvetrees, 1990.

Grange, Jeremy. "Resusci Anne and L'Inconnue: The Mona Lisa of the Seine." BBC News. October 15, 2013. http://www.bbc.com/news/magazine-24534069. Accessed online on October 15, 2013.

Murphy, Edwin. *After the Funeral: The Posthumous Adventures of Famous Corpses*. New York: Citadel, 1995.

Quigley, Christine. *Skulls and Skeletons: Human Bone Collections and Accumulations*. Jefferson, NC: McFarland, 2001.

Richardson, Matt. *The Royal Book of Lists: An Irreverent Romp Through British Royal History from Alfred the Great to Prince William*. Toronto, ON: Hounslow, 2001.

머시 브라운

Bell, E. Michael. *Food for the Dead: On the Trail of New England's Vampires*. Middletown, CT: Wesleyan University Press, 2011.

D'Agostino, Thomas. *A History of Vampires in New England*. Charleston, SC: History Press, 2010.

Hellman, Roxanne, and Derek Hall. *Vampire Legends and Myths*. New York: Rosen, 2012.

Tucker, Abigail. "The Great New England Vampire Panic." *Smithsonian*, October 2012. http://www.smithsonianmag.com/history/the-great-new-england-vampire-panic-36482878/?no-ist. Accessed online on May 8, 2014.

죽은 자와 죽지 못한 자

Bell, E. Michael. *Food for the Dead: On the Trail of New England's Vampires.* Middletown, CT: Wesleyan University Press, 2011.

마타 하리

Howe, Russell Warren. *Mata Hari: The True Story.* New York: Dodd, Mead, 1986.

Samuels, Diane. *The True Life Fiction of Mata Hari.* London: Nick Hern, 2002.

Shipman, Pat. *Femme Fatale: Love, Lies, and the Unknown Life of Mata Hari.* New York: HarperCollins, 2014.

영원히 사라진 시신들

Bibeau, Paul. *Sundays with Vlad: From Pennsylvania to Transylvania, One Man's Quest to Live in the World of the Undead.* New York: Broadway Books, 2007.

Chugg, Andrew. *The Quest for the Tomb of Alexander the Great.* Boston: AMC, 2012.

Kluger, Jeffrey, and Andrea Dorfman. "Nefertiti Found?" *Time.* http://content.time.com/time/magazinearticle/0,9171,457370,00.html. Accessed online on June 23, 2014.

Langley, Philippa, and Michael Jones. *The King's Grave: The Discovery of Richard III's Lost Burial Place and the Clues It Holds.* New York: St. Martin's, 2013.

Levy, Joel. *Lost Histories: In Search of Vanished Places, Treasures, and People.* New York: Barnes & Noble, 2007.

알베르트 아인슈타인

Isaacson, Walter. *Einstein: His Life and Universe.* London: Simon & Schuster UK, 2007.

Paterniti, Michael. *Driving Mr. Albert: A Trip Across America with Einstein's Brain.* New York: Bantam Dell, 2005.

Yeatts, Tabatha. *Albert Einstein: The Miracle Mind.* New York: Sterling Biographies, 2007.

뇌의 조각들

Harris, Paul. "Fresh Clues Could Solve Mystery of Poe's Death." *The Observer.* October, 20, 2007.

Kaplan, Bernard. "Lenin's Genius Brain Turns Out to Be Just a Myth." *The Times-News* (Hendersonville, NC), January 22, 1994.

Sotos, John G. *The Physical Lincoln Complete: Comprising The Physical Lincoln 1.1a and The Physical Lincoln Sourcebook 1.1a.* Mt. Vernon, VA: Mt. Vernon Book Systems, 2008.

엘비스 프레슬리

Guralnick, Peter. *Careless Love: The Unmaking of Elvis Presley.* Boston: Back Bay Books, 2000.

Hampton, Wilborn. *Elvis Presley.* New York: Puffin Books, 2008.

Keogh, Pamela Clarke. *Elvis Presley: The Man. The Life. The Legend.* New York: Simon & Schuster, 2004.

Watson, James D., and Andrew Berry. *DNA: The Secret of Life.* New York: Knopf, 2009.

신체 부위 복제하기

Elenbaas, Cornelis J. F. *LN2: Cryogenic Freezing Manual.* Victoria, BC: Trafford, 2008.

죽었는지 살았는지

Arlandson, Lee. "When 'Big Nose' George Parrott Was Hung." *Pioneer West,* June 1972.

Harrington, Joel F. *The Faithful Executioner: Life and Death, Honor and Shame in the Turbulent Sixteenth Century.* New York: Picador, 2013.

Hawthorne, Nathaniel. *The Works of Nathaniel Hawthorne,* vol. 7. Boston: Houghton Mifflin, 1878–1899.

Wynbrandt, James. *The Excruciating History of Dentistry: Toothsome Tales & Oral Oddities from Babylon to Braces.* New York: St. Martin's, 1998.

길이길이 행복하게

Bradlee, Ben. *The Kid: The Immortal Life of Ted Williams.* New York: Little, Brown, 2013.

Casarett, David Jr. *Shocked: Adventures in Bringing Back the Recently Dead.* New York: Current, 2014.

Roach, Mary. *Stiff: The Curious Lives of Human Cadavers.* New York: W. W. Norton, 2003.

가장 갖고 싶은 것

Axelrod, Alan. *Little-Known Wars of Great and Lasting Impact.* Beverly, MA: Fair Winds, 2009.

DeArment, Robert K. *Assault on the Deadwood Stage: Road Agents and Shotgun Messengers.* Norman: University of Oklahoma Press, 2011.

DeLeon, Clark. *Pennsylvania Curiosities: Quirky Characters, Roadside Oddities & Other Offbeat Stuff.* Guilford, CT: Globe Pequot, 2013.

Elze, Karl Friedrich. *Lord Byron, A Biography, with a Critical Essay on His Place in Literature.* Charleston, SC: Forgotten Books, 2012.

Foster, R. E. *Wellington and Waterloo: The Duke, The Battle and Posterity, 1815–2015.* New York: History Press, 2014.

Harrington, Joel F. *The Faithful Executioner: Life and Death, Honor and Shame in the Turbulent Sixteenth Century.* New York: Farrar, Straus and Giroux, 2013.

송장 약

León, Vicki. *How to Mellify a Corpse: And Other Human Stories of Ancient Science & Superstition.* New York: Walker, 2010.

Quigley, Christine. *The Corpse: A History.* Jefferson, NC: McFarland, 1996.

Sugg, Richard. *Mummies, Cannibals, and Vampires: The History of Corpse Medicine from the Renaissance to the Victorians.* New York: Routledge, 2011.

죽음의 실내장식

Koudounaris, Paul. *The Empire of Death: A Cultural History of Ossuaries and Charnel Houses.* New York: Thames & Hudson, 2011.

Quigley, Christine. *The Corpse: A History.* Jefferson, NC: McFarland, 1996.

장래성 없는 직업

Benjamin, Kathy. *Funerals to Die For: The Craziest, Creepiest, and Most Bizarre Funeral Traditions and Practices Ever.* Avon, MA: Adams Media, 2013.

Harrington, Joel F. *The Faithful Executioner: Life and Death, Honor and Shame in the Turbulent Sixteenth Century.* New York: Picador, 2013.

Iserson, V. Kenneth. *Death to Dust: What Happens to Dead Bodies.* Tucson, AZ: Galen, 2001.

León, Vicki. *Working IX to V: Orgy Planners, Funeral Clowns, and Other Prized Professions of the Ancient World.* New York: Bloomsbury, 2013.

Robinson, Tony, and David Willcock. *The Worst Jobs in History: Two Thousand Years of Miserable Employment.* London: Boxtree, 2004.

사랑받지 못한 존재들

DeLeon, Clark. *Pennsylvania Curiosities: Quirky Characters, Roadside Oddities & Other Offbeat Stuff.* Guilford, CT: Globe Pequot, 2013.

Roach, Mary. *Gulp: Adventures on the Alimentary Canal.* London: Oneworld, 2013.

토머스 알바 에디슨

Bryan, Ford R. *Henry's Attic: Some Fascinating Gifts to Henry Ford and His Museum.* Detroit: Wayne State University Press, 2006.

Newton, James. *Uncommon Friends: Life with Thomas Edison, Henry Ford, Harvey Firestone, Alexis Carrel, and Charles Lindbergh.* San Diego, CA: Harcourt Brace Jovanovich, 1987.

Pederson, Charles E. *Thomas Edison.* Edina, MN: ABDO, 2008.

Stross, Randall E. *The Wizard of Menlo Park: How Thomas Alva Edison Invented the Modern World.* New York: Three Rivers, 2007.

뇌 좀 빌립시다!
역사상 가장 흥미롭고 기괴하며 파란만장한 시체 이야기

펴낸날 | 2019년 12월 30일
지은이 | 칼린 베차
옮긴이 | 박은영
펴낸곳 | 윌컴퍼니
펴낸이 | 김화수
출판등록 | 제2019-000052호
전화 | 02-725-9597
팩스 | 02-725-0312
이메일 | willcompanybook@naver.com
ISBN | 979-11-85676-57-9   03900

이 도서의 국립중앙도서관 출판예정도서목록(CIP)은 서지정보유통지원시스템 홈페이지
(http://seoji.nl.go.kr)와 국가자료공동목록시스템(http://www.nl.go.kr/kolisnet)에서
이용하실 수 있습니다.(CIP제어번호: CIP2019043536)